BIBLIOTHEK JIDDISCHER ERZÄHLER

Buch

Scholem Alejchems Held ist in allen seinen Erzählungen der Alltagsjude mit seinen kleinen und großen Sorgen, der mit den Tükken seiner Existenz nicht fertig wird. Daß es dem Meister des »Lachenkönnens« gelingt, aus dem Einzelschicksal der Ghettojuden Heiteres zu vermitteln, ist die Offenbarung seines erzählerischen Genies. Es ist ihm geglückt, aus dem Dickicht der provinziellen Trübseligkeit Geschichten voll lebensbejahender Heiterkeit hervorzubringen.

Autor

Scholem Alejchem (1858–1916) ist einer der erfolgreichsten Schriftsteller jiddischer Literatur. In aller Welt wurde er bekannt durch das Broadway-Musical *Anatevka,* einer amerikanisierten Fassung seines großartigen Romans *Tewje der Milchmann.*

Herausgeberin

Im Jahre 1912 in Odessa geboren, spricht Vera Hacken neben vielen anderen Sprachen fließend Jiddisch und Deutsch. Vera Hacken ist selbst Schriftstellerin.

Als sehr gute Kennerin der jiddischen Literatur schöpft sie aus einem großen Fundus an Autoren, die heute in Deutschland nahezu unbekannt sind. Gerade ihre Liebe zur deutschen und jiddischen Kultur hat Vera Hacken dazu veranlaßt, die Bibliothek Jiddischer Erzähler herauszugeben. Ihr tiefes poetisches Einfühlungsvermögen und ihre Freundschaft zu jiddischen Dichtern garantieren für die literarische Qualität ihrer Herausgebertätigkeit.

SCHOLEM ALEJCHEM

DAS BESSERE JENSEITS

BIBLIOTHEK JIDDISCHER ERZÄHLER

HERAUSGEGEBEN VON VERA HACKEN

GOLDMANN VERLAG

Aus dem Jiddischen übertragen von Emanuel Hacken
und Sonya Panner

Der Goldmann Verlag
ist ein Unternehmen der Verlagsgruppe Bertelsmann

Made in Germany · 2/88 · 1. Auflage
Genehmigte Taschenbuchausgabe

Umschlagentwurf: Design Team München
Umschlagillustration: Achim Kiel / Pencil, Braunschweig
Druck: Elsnerdruck, Berlin
Verlagsnummer: 8910
UK · Herstellung: Ludwig Weidenbeck
ISBN 3-442-08910-7

Inhaltsverzeichnis

Glossar 6
Vorwort von Vera Hacken 7
Das bessere Jenseits 15
Das neue Kasrilewke 51
Verbannung in die Sommerfrische 113
Der Deutsche 177

Glossar

Achile – Hebräisch für Essen, Speise. **baren Hauptes** – Fromme Juden essen nicht baren Hauptes. **Bocher** – Junggeselle. **Cheder** oder *Chejder* – religiöse Elementarschule. **Desiatine** – russisches Flächenmaß. **Esther Tanes** – Fasttag am Vortage des Purimfestes. **Gabaj** (pl. *Gaboim*) – Gemeindevorsteher. **Grager** – Rassel, mit der die Kinder am Purimfest spielen. **Goj**– Bezeichnung für Andersgläubige. **Hagadah** oder *Hagude* – Geschichte des Auszugs der Juden aus Ägypten, die am Passachabend gelesen wird. **Hawdole** – Gebet am Sabbatausgang. **Hohe Feiertage** – Neujahr und Versöhnungstag. **Kapure** – Sühneopfer am Vortage des Versöhnungstages. **Kugel** – Nudelauflauf, auch Pudding. **Matze** – angesauertes Osterbrot. **Melamed** – Religionslehrer. **Oka** – Kartenspiel. **Palmenzweig** – Hebräisch *Lulew*, der am Laubhüttenfest beim Segensspruch über den Paradiesapfel geschüttelt wird. **Pud** – russische Gewichtseinheit. **Schames** – Gemeindediener, Faktotum im Bethaus. **Schlimasl** – Unglücksrabe, Pechvogel. **Schochet** – Ritualschlächter. **Schegetz** (pl. *Schkuzim*) – christlicher Junge. **Schickse** – christliches Mädchen. **Schrage** – Kartenjargon für alle vier Farben. **S** für Schellen, **R** für Rot, **G** für Grün, **E** für Eichel. **Stoit Gora Wissokaja** – das heißt: Es steht ein hoher Berg. Russisches Lied. **Stukalke** – Kartenspiel. **Targum** – aramäische Bibelübersetzung. **Tscholent**– am Freitag vorgekochte Speise, die für den Sabbat im Ofen warm gehalten wird. **Tische B'aw** – Fasttag zum Gedenken an die Zerstörung des Tempels. **Url** – Nichtjude, ein Synonym von *Goj*.

Vorwort

»Scholem Alejchem, *Friede sei mit dir« – das sind in den Sabbathymnen die Begrüßungsworte, mit denen der Familienvater die Sabbatengel, nachdem sie ihn von dem* Beis Hamidresch, *dem Bethaus, nach Hause begleitet haben, willkommen heißt, sobald sie in sein Haus eintreten. Und mit:* »Alejchem Scholem, *mit dir sei Friede« wird geantwortet. Diese freundlich innige Grußform wurde zum Pseudonym des Schriftstellers Schalom Rabinowicz, und unter diesem Namen wurde er im Laufe seines produktiven Lebens in aller Welt bekannt.*

Es ist schwer, über diesen in sich und seiner Welt ruhenden, eigenartigen Schriftsteller zu schreiben, der den engen Sprach- und Kulturkreis seines von ihm so geliebten Jiddisch gesprengt hat und als einer der meist übersetzten Autoren in die Weltliteratur eingegangen ist. Es gibt unzählige Bücher, Biographien und Monographien über ihn, eine ganze Reihe von Kritikern, Rezensenten, Schriftstellern, die über dieses einzigartige Phänomen geschrieben haben. S. Niger, J. Glattstein, M. Erik, Baal-Machschowes, E. Podriatschik – um nur einige unter vielen zu nennen – haben sein reiches Opus analysiert, durchforscht, studiert und kommentiert. Und doch blieb dieser Novellist, Dramaturg, Monologautor in all seiner echten und gewollten Einfachheit und Gradlinigkeit, in seinem direkten, offenen Humor allen seinen Forschern ein Rätsel. Man suchte nach Hintergründigem, man hat es gefunden und doch nicht gefunden. In seinem strengen, dem 19. Jahrhundert eigenen Naturalismus scheut Scholem Alejchem Allegorien, verweilt im Alltag und erhebt sich nicht aus dem Wirklichen in die Sphären des Visionären. Sogar wenn er in seltenen Fällen für die jungen Leser in einer Märchenform schreibt (Das verzauberte Schneiderlein), *bleibt der Grundton ein alltäglicher, fast möchte man sagen ein unpoetischer.*

Trotz seines erdgebundenen Stils, trotz seiner im Idiom des Wochentags gehaltenen Prosa, die über kleine, intime, allzumenschliche Ereignisse berichtet, liegt über allem ein poetischer Glanz und mitten im Gewöhnlichen etwas ungewöhnlich Schönes, das den Leser mitreißt und bezaubert.

Die kleine enge Schtedtlwelt ist Scholem Alejchems geliebte, innere Landschaft, die ihn früh in seinem wanderreichen Leben geformt und für immer verzaubert hat. Es will scheinen, daß er diese idyllische, im Impressionistischen ruhende Landschaft gar nicht verlassen will.

Ihm bietet dieser provinzielle Horizont bis ans Ende genug Erzählenswertes. Er schöpft unendlich Vieles aus dem Füllhorn der kleinen und kleinsten Geschäfte des Armendaseins, und es scheint, daß die kleinen Abenteuer des kleinen Menschleins im kleinen Umkreis des kleinen jüdischen Schtedtls dem Schriftsteller gar nicht so klein erscheinen. Er sucht und findet in ihnen immer wieder jene geheimnisvolle Kraft, die man gemeinhin Menschenleben nennt. Ihm ist das scheinbar Unwichtige wichtig, das Alltägliche erhaben. So schreibt er über den Wochentagsjuden mit seinen Sorgen, Kämpfen, Mißerfolgen und seltenen Erfolgen.

Im ukrainischen Städtchen Perejeslav im Jahre 1859 als Sohn eines Getreide- und Holzhändlers geboren, geht Scholem den traditionellen Weg eines Judenjungen. Erst der Cheder, die religiöse Volksschule, wo man von einem Rebben in hebräischer Sprache unterrichtet wird und auch die Anfänge des vorgeschriebenen lebenslangen Studiums der Heiligen Schriften mitbekommt. In seiner frühen Jugend verliert er seine Mutter, die bei einer Choleraepidemie stirbt. Seine Geschwister und er werden von seinem Großvater in einem Schtedtl am Dnjeper aufgezogen. Dieses Schtedtl wurde ihm zum Modell für seine Erzählung Kasrilewke. Scholem Alejchem kommt dann auf ein russisches Gymnasium – ein Ereignis, das nicht häufig vorkommt, denn der berüchtigte Numerus Clausus, die antisemitische Prozentennorm, die nur die reichsten und begabtesten unter den jüdischen Kindern zuließ, war um die Jahrhundertwende wohl das größte Hindernis zur allgemeinen Ausbildung. Die Mehrzahl der Jungen blieb trotz ihres Strebens, in die Welt hinauszukommen, im Cheder und später in den Talmud-Thoraschulen stecken.

Wie Mendele Mojcher Sforim vor ihm und andere Schriftsteller nach ihm schrieb auch Scholem Alejchem anfangs auf Hebräisch und veröffentlichte seine Artikel und Essays in hebräischen Zeitschriften. Die auf Jiddisch geschriebenen Bücher Mendeles – Sejde, Großvater nannte ihn Scholem Alejchem in einem seiner Briefe an den geliebten Meister – haben den jungen Schriftsteller tief beeindruckt. Er entdeckte den Reichtum und die

Poesie dieser bisher von allen verächtlich als Jargon *bezeichneten Sprache, und Jiddisch wurde für ihn ein reiches, schönes Gelände, das er nun mit angehaltenem Atem, voller Entdeckerfreude betrat, um es zeit seines Lebens nie mehr zu verlassen. Das Schtedtl und sein Idiom wurden Schauplatz und Ausdruck seiner Erzählungen, Monologe, Romane und Schauspiele.*

Kasrilewke *ist der Ort der Geschehnisse,* Jehupetz *(Kiew) die Großstadt, das weltliche Geschäftszentrum und das lockende Ziel vieler seiner Helden.* Bojberik *ist die Sommerfrische bei Jehupetz, Sammelort der Arrivierten, der* nouveaux riches, *einer Minorität unter den Juden, der es gelungen war,* »günstig abzuschließen«, *und die es sich leisten konnten,* »wie Menschen zu leben«. *Das ist somit die Geographie und die Historie von Scholem Alejchems Schöpfungen.*

Er bleibt nun überwiegend ein jiddischer Autor, auch wenn er ab und zu auf Russisch und Hebräisch schreibt.

Scholem Alejchem wechselt oft seinen Wohnort, denn er erlebt häufig finanzielle Rückschläge, wirtschaftliche Krisen und sogar Bankrott. Er wohnt abwechselnd in Kiew, Odessa und sogar in Paris. Man druckt und liest ihn gerne und viel. Er wird berühmt.

Im Jahre 1905 erlebt und überlebt er einen Pogrom in Kiew. Er emigriert 1906 nach Amerika, lebt in New York und schreibt – wie später Scholem Asch – über den armen, verlorenen Schtedtljuden, der in den Kessel dieser Metropole gerät und den Boden unter seinen Füßen verliert. Auch in New York und trotz seiner Berühmtheit herrscht in seinem Hause ewige Geldnot. Noch einmal und trotz schwankender Gesundheit durchreist er Rußland, wo er Rezitations- und Vorlesungsabende hält. Scholem Alejchem erkrankt an Tuberkulo-

se. Er verbringt einige Monate in der Schweiz, arbeitet fiebrig an seinem Motl, des Kantor Pejses Sohn *und publiziert seinen Roman* Die wandernden Sterne. *Seine finanzielle Situation bessert sich allmählich. Im Jahre 1913 arbeitet er an seiner Autobiographie* Vom Jahrmarkt zurückgekehrt, *die jedoch unvollendet bleibt.*

Er stirbt im Jahre 1916 in New York. Am Tage seiner Beerdigung legen die jüdischen Shop-*Arbeiter ihre Arbeit nieder und begleiten in Massen seinen Sarg: Scholem Alejchem gehörte ihnen. Er schrieb über sie, er war ihr Fürsprecher.*

In seinem Testament wünscht er, daß man ihn ohne jeden Pomp, ohne Oden, ohne viele Reden am offenen Grabe bestattet, wie alle einfachen, armen Juden bestattet werden. Er will keinen abgesonderten Ehrenplatz auf dem Friedhof. Er will unter Armen liegen. Sein von ihm selbst knapp vor dem Tode verfaßtes Epitaph lautet:

Und grade damals, als sie alle
Applaudiert, gelacht und sich gefreut,
Hat er, der Schreiber, daß weiß Gott,
Still, still geweint in seiner Not.

Viel wurde über Scholem Alejchems Humor gesagt. Er geht in die Weltliteraturgeschichte als einer ihrer markantesten Humoristen ein. Sein Motto »Lachen ist gesund, Ärzte verordnen lachen« *ist ein* »Ruf in die Welt hinaus«.

Das Wörtchen »Tränen gelacht« *hat er wahr gemacht. Das ständige Leitmotiv seiner Dichtungen ist Armut, Elend und Mißgeschick seines Volkes. Wenn man sich, wie er, dieser geplagten, gehetzten, heimatlosen, aus allen Orten in die Enge des Schtedtls vertriebenen Minorität für immer und unverbrüchlich treu verbunden fühlt, kann man das Tragische wohl nur noch mit*

»Tränenlachen« *schildern. Eine schwere Aufgabe, die dieser Gigant der Komik glorreich erfüllt.*

Das Wort Frejlache Kapzonim, *fröhliche Armeleut, stammt von Scholem Alejchem. Sein im Testament geäußerter Wunsch* »Legt mich unter die Armen« *zeugt von seiner bis ans Lebensende dauernden Liebe und Zugehörigkeit zu den* Nebbichs, *das sind die bedauernswerten Schlemiehls seiner Zeit und Welt.*

Schwer, Jude zu sein, *der Titel eines seiner späten Schauspiele, ist der Stoßseufzer, der sich dem in seine kleinen, anonymen, aber lebensfähigen Helden so innig verliebten Autor aus der Brust drängt. Aber wie gerne, mit welcher ansteckenden, zündenden Freude und welchem Stolz ist er Jude! In mitfühlendem Tonfall, in einer Art impressionistischer Andeutung schildert er die eklatanten Mißerfolge und Irrtümer seiner Protagonisten, dieser ewig aus der Armut hinausstrebenden und in sie immer wieder zurückfallenden* Menachem Mendels. *Irgendwie gelingt es dem Meister der tragischen Komik, die Armut nicht nur sympathisch, sondern sogar als eine Tugend darzustellen. Und wie denn anders? Sechs Tage in der Woche läuft der arme Jude dem Tagelohn nach, oft an der Vergeblichkeit seines in der Luft hängenden Unterfangens verzagend. Aber am siebenten Tage, am Heiligen Sabbat, ist jeder Jude gleich, der arme wie der reiche: Er ist König, und seine Frau ist Königin. Auf allen Tischen des Schtedtls flackern die Sabbatlichter – ganz gleich ob in goldenen, silbernen oder gar in alten verbogenen, billigen Messingleuchtern. Der Reiche wie der Arme verrichtet das gleiche Sabbatgebet, singt die gleichen* Smires *(Hymnen), ruht und ist Gott preisend selig und zufrieden. Dieses Element der Würde, des Anstands, der Gleichheit unter Juden, dieses allgemeine und bis in die ärmsten Schichten tiefgreifende Streben nach* Balbatischkejt, *nach Respektabilität, macht den Armen dem Reichen gleich, wenn auch bloß an einem einzigen Tage – am Sabbat.*

Scholem Alejchems zärtliche Liebe neigt deutlich zu den Armen. Die Verlierer sind bei ihm die Gewinner. Die Gewinner hingegen verlieren. Die Armen sind die Weisen seiner Dichterwelt. Siehe Tewje den Milchmann *und viele andere, denen es nie gelingen wird, den* großen Gewinn *(der Titel einer seiner Komödien), das große Los zu ziehen. Den wenigen, welchen es gelingt, verwandelt sich ihr bisher idyllisch mildes Leben durch plötzlichen Besitz in eine jämmerliche, konfliktreiche, problematische Existenz wie in der vorliegenden Erzählung* Verbannung in die Sommerfrische.

Das jüdische Ghettokind erlebt bei Scholem Alejchem die vom Kind selbst ins Leben gerufenen herrlichsten Wunder. Das Kind armer Eltern bekommt von ihnen kaum das Nötigste zur Nahrung, seine Kleider sind schäbig und zerrissen, und es besitzt keine schönen, kostbaren Spielzeuge. Aber ein Kind will spielen. Und es spielt, es schöpft aus seiner kindlichen Phantasie Dinge und Begebenheiten, die es erfreuen, wie zum Beispiel den Übergang vom Winter in den sonnigen Frühling oder das tierisch selige Jubilieren, das es von dem Kalb des Nachbars vernimmt, und, die Extase des Tierchens teilend, in seiner Sprache *mitjauchzt.*

Die durch Geld und Besitz für alle Zeiten verwässerte, verdünnte und schließlich verdorbene Freude am Leben kann Scholem Alejchem den Reichen und Arrivierten nie mehr verzeihen. Er verlacht und verspottet sie, wo immer er sie auf seinen Wegen über Länder und Kontinente trifft. Dem Armen aber steht die Welt offen:

Sonne, Wolken, Wärme, der Duft der aufblühenden Knospen in der frischen Frühlingsluft, das Lernen im Cheder, der festliche Sabbat, nach dem man sich die ganze Woche gesehnt hat, ein frisches, warmes Stück Chale, *das Weißbrot für den Sabbattisch. Kameradschaft, gute Nachbarschaft und ein inniges Familienleben – was bleibt da noch zu wünschen übrig?*

Vielleicht nur, daß der Rabejnu-Schel-Ojlem, *der Herr der Welt, dieses schöne, wenn auch nicht unproblematische Leben einem gönne und es so und nicht – Gott behüte – anders zu Ende leben läßt.*

Man lacht mit dem Autor. Die verborgene Träne aber gilt der Ahnung, daß es einem ja doch nicht lange so gut ergehen wird ...

Vera Hacken

Das bessere Jenseits

Wenn Ihr wollt, kann ich Euch eine schöne Geschichte erzählen, davon, wie ich eine Bürde auf mich genommen habe, welche mich beinahe ins Unglück gebracht hätte. Ihr fragt wahrscheinlich: Wie war das? Es geschah, weil ich kein kluger und oberschlauer junger Mann war. Ja, man könnte sogar sagen, daß ich noch heute weit davon entfernt bin, ein kluger Mann zu sein. Denn wäre ich klug, hätte ich doch, wie sagt Ihr, Geld, und wenn man Geld hat, ist man klug, ist man schön, und singen kann man auch.

Bin ich, heißt es, ein junger Mann und bin bei meinen Schwiegereltern in voller Verpflegung gesessen und habe Thora studiert, das heißt, ich habe auch ein wenig hineingeblickt in die weltlichen Bücher, ganz geheim, so daß mein Schwiegervater und meine Schwiegermutter es ja nicht erfahren. Nicht so sehr der Schwiegervater wie die Schwiegermutter, und damit Ihr es wißt, eine Schwiegermutter habe ich, ein Mannsbild! Das heißt, eine Jüdin, die im Hause die Hosen anhat. Sie führt alle Geschäfte selbst, vermittelt Ehen selbst, hat die Bräutigame für ihre Töchter selbst ausgewählt, und auch mich hat sie selbst ausgewählt, mich geprüft und mich aus Radomischli nach Zwohil gebracht. Ich, wie Ihr mich seht, bin ein Radomischler, bin ich. Ihr habt doch sicherlich von Radomischli gehört? Man hat es kürzlich sogar in der Zeitung beschrieben. Bin ich, heißt es, dort gesessen, in Zwohil, bei voller Verpflegung, habe gebüffelt den *Moreh Nebuchim*, den *Führer der Verblüfften* von Rambam und bin nicht über meine Schwelle hinausgekommen, bis es an der Zeit war, sich zum Militärdienst zu melden. Da muß man sich halt bequemen und nach meinem Radomischli fahren, die Dokumente zurechtmachen, Privilegien für sich austüfteln, einen Ausweis herausnehmen, wie es dabei halt so zugeht. Dies war, kann man wohl sagen, meine erste Reise in die Welt hinaus. So begab ich mich auf den Markt, um ein Fuhrwerk zu mieten – ich ganz allein, um jedem zu beweisen, daß ich schon ein Mann bin. Gott hat mir ein Geschenk seiner Gnade zugeschickt: Ich habe einen Url erwischt, das heißt einen Goj aus Radomischli mit einem Schlitten – es war Winter – mit einer breiten, bunt angestrichenen Rückwand, mit zwei Flügeln an beiden Seiten wie bei einem Adler. Ja, das Pferd habe ich ganz vergessen: Ein Schimmel ist es, und solch ein weißes Pferd, sagt meine Schwiegermutter, bedeutet Unglück.

»Ich wollte, es wäre nicht wahr«, sagte sie, »aber diese Reise, fürchte ich, wird von Pech verfolgt sein.«

»Beiß dir in die Zunge«, wagte mein Schwiegervater einzuwenden, bereute es aber gleich darauf, weil er an Ort und Stelle eine Abfuhr von ihr einstecken mußte. Mir konnte er dabei noch leise zuflüstern: »Weiberlaunen.«

Nun, ich fange an, für die Reise zu packen. Den Gebetsmantel, die Gebetsriemen, Buttergebäck, einige Rubel für Spesen und drei Kissen: Ein Kissen zum Draufsitzen, ein Kissen zum Anlehnen und ein Kissen auf die Füße. Und jetzt heißt es Abschied nehmen. Beim

Abschied angelangt – keine Worte! Schon immer war es bei mir so: Wenn es heißt Abschied nehmen, bleibt mir einfach die Sprache weg. Ich weiß selbst nicht, warum es so ist, aber was kann man schon dabei sagen? Irgendwie erscheint es mir gröblich, den umstehenden Menschen, mit Verlaub, das Hinterteil zu kehren und sie dann so ganz einfach stehen zu lassen. Ich weiß nicht, wie's bei Euch ist, aber bei mir ist es eben so beim Abschied nehmen, mündlich wie schriftlich. Doch halt! Mir scheint, ich gehe da zu weit hinaus, wie man bei uns so sagt, bis nach *Bojberik*. Habe ich mich, heißt es, gar fein verabschiedet und auf nach Radomischli...

Es war Anfang Winter, war es. Der Schnee war heuer frühzeitig gefallen, und der Schlittenweg war besonders schön. Das Pferd, obwohl es ein weißes war, lief wie so ein Bankert. Und einen Url habe ich mir eingehandelt, einen Schweiger! Von der Art Fuhrmänner, welche dir auf alles mit »aha«, das heißt *ja*, oder mit »bah ni«, das heißt *nein*, antworten und weiter, selbst wenn du ihn erschlägst, kein Wort.

Wir sind nach dem Essen aufgebrochen, gut gelaunt, ein Kissen unter mir, ein Kissen im Rücken und ein Kissen auf den Füßen. Das Pferdchen hüpft, der Url schnalzt, der Schlitten gleitet, der Wind bläst, und ein leichter Schnee wirbelt von oben, fällt und legt sich wie Federn auf das breite, weite Flachland. Mir ist gut zumute, so recht gut, so weit und so frei, so hell im Herzen – zum ersten Mal hinaus in Gottes Weltchen, ganz allein, mein eigener Herr, heißt es. Ich lehne mich zurück und mache mich im Schlitten breit wie so ein richtig feiner Herr. Doch es ist Winter, und Ihr könnt noch so warm gekleidet sein, der Frost schüttelt einen ganz gehörig durch, und es gelüstet, einen Halt zu machen, sich zu erwärmen, einen Bissen zu sich zu nehmen und dann weiterzufahren. Und ich male es mir aus, in meinen Gedanken nämlich, eine warme Schenke, am Tisch ein siedender Samowar, ein Stückchen frischgekochtes Rindfleisch mit einer heißen Suppe... Beim Gedanken allein kriege ich Herznagen. Mit einem Wort, es ruft nach Essen. Ich versuche, meinen Url in ein Gespräch zu verwickeln. Ich frage den Url, ob es noch weit zu einer Schenke ist. Antwortet er mir: »Bah-ni«, *nein*, heißt das. Frage ich ihn, ob es schon nahe bis dahin sei, antwortet er mir: »Aha«, *ja*, heißt das. Wie nahe? Seht Ihr, das ist schon schwierig aus ihm herauszukriegen, selbst wenn du dich umbringst. Ich stelle mir vor, was wäre, wenn, verzeiht den Vergleich, ich an seiner Stelle der Fuhrmann wäre. Ich würde mir nicht nur erklären, wo die Schenke ist, sondern sogar wer die Schenke führt, wie er heißt, wie viele Kinder er hat, wie hoch die Pacht für die Schenke ist und wieviel sie ihm einbringt, wie viele Jahre er schon dort sitzt und wer vor ihm dort gesessen ist. Einen ganzen Haufen hätte ich mir erzählt. Ein merkwürdiges Volk sind wir, ich meine unsere Juden, gesund sollen sie sein. Ein ganz anderes Blut, so wahr ich lebe. So träumte ich also von solch einer warmen Schenke und malte mir in meiner Phantasie einen heißen Samowar aus und allerlei Leckerbissen, bis sich Gott meiner erbarmte. Mein Wagenlenker tat einen kräftigen Schnalzer zum Pferd hin, lenkte den Schlitten ein wenig zur Seite und siehe da: Ein kleines, armseliges Häuschen, von oben bis unten weiß getüncht, eine Feldschenke, welche in der schneebedeckten Ebene verwaist und elend dastand wie ein verworfener, vergessener Grabstein. Bei der Schenke angelangt, begibt sich mein Url mit Pferd und Schlitten in den Stall, und ich schicke mich an hineinzugehen. Ich öffne die Türe und bleibe an der Schwelle wie gebannt stehen – nicht hin und nicht her. Was ist das für eine Geschichte? Die Geschichte ist eine schöne Geschichte, aber eine ganz kurze: In der Mitte der Schankstube liegt schwarz bedeckt auf dem Boden ein Leichnam. Zu beiden Seiten des Kopfes zwei Messingleuchter mit kleinen Kerzen, und rings um den Leichnam sitzen kleine Kinder in zerrissenen und zerschlissenen Kleidern, schlagen sich mit ihren Händchen an den Kopf, klagen, weinen, jammern und schreien: »Mama! Mama!« Ein dürrer, hoher, langbeiniger Mann in einem zerrissenen Sommeranzug, der Jahreszeit nicht entsprechend, schreitet mit seinen langen Beinen auf und ab und spricht händeringend zu sich selbst:

»Was tut man? Was tut man? Was fängt man an zu tun?«

Jetzt begreife ich erst, in was für eine unselige Lage ich da hineingeraten bin. Nur weg von hier! Ich mache kehrt, doch die Türe fällt mir vor der Nase ins Schloß, und etwas hält mich an der Schwelle wie festgeschmiedet. Ich kann mich einfach von der Stelle nicht wegrühren. Beim Anblick meiner Person wendet sich der dürre Jude mit den langen Beinen mit ausgestreckten Armen zu mir wie einer, der um Hilfe fleht.

»Was sagt Ihr zu meinem Unglück?« sagt er zu mir und zeigt auf das Häuflein Kinder, das dort sitzt und heult. »Die Mutter ist ihnen nebbich gestorben! Was tut man? Was tut man? Was fängt man an zu tun?«

»Gepriesen sei *Sein* Urteil«, sage ich zu ihm und will ihn, wie es üblich ist, mit guten Worten trösten. Da fällt er mir ins Wort und sagt:

»Versteht Ihr mich, die nämliche Geschichte. Schon seit vorigem Jahr war sie eigentlich so gut wie tot, mein

Weib, heißt es. Sie hatte die *gute Krankheit*, die richtige Schwindsucht. Sie hat nebbich oft schon den Tod zu sich gebeten. Doch was nun? Da sitzen wir in einem Winkel mitten im Feld. Was tut man? Was tut man? Was fängt man an zu tun? Soll ich in irgendein Dorf gehen, um dort ein Fuhrwerk zu mieten und sie zum Schtedtl bringen? Wie läßt man da die Kinder mitten im Feld allein zurück? Zu alldem geht es zur Nacht. Gewalt, was tut man? Was tut man? Was fängt man an zu tun?«

Bei diesen Worten brach mein Jude in ein merkwürdiges Weinen aus, ganz ohne Tränen, es klang wie ein Gelächter, und dann stieß er aus seiner Kehle einen komischen Laut aus, wie wenn er husten wollte: »Chi-chi-chi.« Ein Stück Gesundheit hat er mir weggenommen, der nämliche Jude. Was mir Hunger? Wer mir Kälte? Ich hatte alles vergessen und wandte mich mit folgenden Worten zu ihm:

»Ich fahre von Zwohil nach Radomischli, fahre ich, und ein Fuhrwerk habe ich, ein ganz ordentliches. Falls das Schtedtl, von dem Ihr redet, nicht weit von hier ist, könnte ich Euch den Gefallen tun und mein Gefährt anbieten. Ich aber würde hier warten, sollte es nur nicht zu lange dauern.«

»Oj, ein langes Leben sei Euch geschenkt für diese gute Tat! Ihr erkauft Euch damit das bessere Jenseits, sowahr ich Jude bin, das bessere Jenseits!« ruft er mir zu, und beinahe hätte er mich umarmt und geküßt. »Das Schtedtl ist gar nicht weit von hier, etwa vier oder fünf Werst. Das Überführen der Leiche wird nicht mehr als eine Stunde dauern, und ich schicke Ihnen Ihr Gefährt auch bald zurück. Ein besseres Jenseits werdet Ihr Euch damit verdienen, sowahr ich Jude bin, ein besseres Jenseits! Kinder! Erhebet Euch vom Boden und danket ihm, küßt dem feinen jungen Mann Hände und Füße. Er gibt uns sein Gefährt, gibt er uns, damit ich Eure Mutter auf den heiligen Ort überführe. Das bessere Jenseits, sowahr ich Jude bin, das bessere Jenseits.«

Das Wort *Freude* paßt wohl nicht hierher, denn sobald die Kinder »die Mutter überführen« vernommen haben, liefen sie zu ihr hin und fingen erst recht von neuem zu weinen an und das noch mit erneuten Kräften. Doch daß sich ein Mensch gefunden hat, der ihnen diese Gnade erweisen will, war für sie fürwahr eine gute Kunde. Man blickte auf mich wie auf einen Erlöser, eine Art Elijahu, der Prophet, und ich muß Euch die reine Wahrheit sagen, ich selbst sah jetzt in mir, während sich das alles abspielte, keinen gewöhnlichen Menschen mehr. Mit einem Male bin ich in meinen eigenen Augen gewachsen. Ich wurde, wie man so sagt, ein *Held*. In jenem Augenblick war ich bereit, Berge zu versetzen, die Welt umzustürzen. Es gab nichts, so schien es mir damals, was mir zu schwer fallen würde. Und da entschlüpfte es meinem Munde:

»Wißt Ihr was? Ich werde selbst mit meinem Url die Leiche überführen und es Euch ersparen, sich von den Kindern trennen zu müssen.«

Je mehr ich mich hineinredete, desto mehr hat das ganze Gesindel geweint und zu mir aufgeblickt wie zu einem Engel vom Himmel. Ich selbst bin in meinen Augen gewachsen, immer höher und größer werden sah ich mich, fast bis zum Himmel. Ich hatte währenddessen ganz vergessen, daß ich mich Zeit meines Lebens vor dem Berühren einer Leiche fürchtete, und ich half jetzt eigenhändig mit, sie hinauszutragen und auf den Schlitten zu legen. Ich versprach meinem Url noch einen halben Rubel und einen zusätzlichen Schnaps. Anfangs kratzte sich mein Url am Nacken unter dem Halstuch, hat dazu etwas unter der Nase gebrummt, doch nach dem dritten Gläschen wurde er weicher, und schließlich machen wir uns zu dritt auf den Weg, das heißt, ich, der Url und die Leiche, Schankwirtin Chawe-Nechama, Tochter des Rafael-Michael. Ich erinnere mich an ihren vollen Namen, als wäre es heute, denn während der ganzen Fahrt habe ich mir dann immerfort ihren Namen eingehämmert. Ihr Mann hat ihn mir einige Male wiederholt, denn wenn man sie zu Grabe bringen wird und ihr die gebührenden Ehren erweisen und sie um Vergebung bitten wird, ist es doch bei uns Brauch, ihren vollen Namen auszusprechen. So habe ich den ganzen Weg lang ihren Namen vor mich hingesagt und ihn auswendig gelernt: Chawe-Nechama, Tochter des Rafael-Michael. Chawe-Nechama, Tochter des Rafael-Michael. Chawe-Nechama, Tochter des Rafael-Michael. Beim Einschärfen ihres Namens aber entfiel mir der Name ihres Mannes, selbst wenn sie mich köpfen! Er hatte mir seinen Namen genannt und mir versichert, sobald ich im Schtedtl ankomme und seinen Namen nennen werde, wird man mir die Leiche gleich abnehmen, und ich kann dann meine Reise fortsetzen. Denn er ist dort in jenem Schtedtl, sagt er, seit vielen Jahren schon ein *Feiertagsgast*, das heißt, an den Bußetagen fährt er hin für die Feiertage, und er läßt es sich was kosten, für die Gabenbüchse und, mit Verlaub, im rituellen Badehaus. Und überall, sagt er, gibt er ihnen im Überfluß zu verdienen. Und noch etwas hat er mir angesagt, der Schankwirt, und mir den Kopf vollgestopft: Er sagte mir an, wo ich einkehren soll und was ich dort zu essen habe. Doch mit einem Mal ist mir alles aus dem Hirn entwichen. Nicht ein halbes Wort habe ich davon behalten, gar nichts! Alle meine Gedanken drehten sich um eines nur: *Ich führe eine Tote* – und das allein genügte schon, meine Gedanken in Verwirrung zu bringen und mich sogar meinen eigenen Namen vergessen zu machen, denn seit meiner frühesten Kindheit fürchte ich mich vor einem Leichnam. Allein bleiben mit einem Toten? Selbst wenn Ihr mich mit Gold überhäuft! Es scheint mir, daß mich die halbverschlossenen, sozusagen glotzenden Augen anstarren und daß sie mich sehen. Und jeden Augenblick werden sich die verschlossenen toten Lippen öffnen, eine geisterhafte Stimme wird sich vernehmen lassen wie von unter der Erde. Bei diesem Gedanken allein könnte man in Ohnmacht fallen. Nicht umsonst erzählt man sich bei uns Geschichten über Tote, wie Menschen vor Schrecken in Ohnmacht gefallen oder überhaupt von Sinnen gekommen sind oder sogar auf der Stelle tot niedersinken beim Anblick . . .

Sind wir, heißt es, zu dritt mit *ihr*, der Leiche, gefahren. Ich habe *ihr* eines meiner Kissen abgetreten, habe sie im Schlitten der Breite nach hingelegt, mir zu Füßen, und um die traurigen Gedanken zu verscheuchen, blickte ich zum Himmel hinauf und wiederholte leise: »Chawe-Nechama, Tochter des Rafael-Michael. Chawe-Nechama, Tochter des Rafael-Michael«, bis sich meine Gedanken langsam verwirrten, und was dann herauskam war: »Chawe-Rafael, Tochter des Nechama-Michael und Rafael-Michael, Tochter des Chawe-Nechama.« Ich merkte nicht, daß es zunehmend dunkler wurde. Der Wind bläst immer stärker, und der Schnee fällt unaufhörlich, verschneit den Weg vor uns, und der Schlitten fährt auf Gottes Gnaden in die Welt hinein. Ich höre meinen Url brummen, erst leise, dann lauter und kräftiger, und ich könnte schwören, daß er mich mit einem dreifachen Segen versieht. Ich frage ihn:

»Was ist los mit dir?«

Darauf spuckt er voller Zorn aus, vielleicht weiß Gott weswegen. Er öffnet weit seinen Mund, und auf einmal überschüttet er mich mit Worten:

»Was ist das?«, sagt er. »Ihr habt mich und das Pferd einfach in ein Unglück gestürzt! Weil wir eine Tote in den Schlitten genommen haben, ist das Pferd vom Wege abgewichen. Wir irren herum und nur Gott weiß, wie lange wir noch herumirren werden! Denn bald wird es Nacht, und dann sind wir verloren!«

Eine schöne Botschaft hat er mir da geliefert. Ich war bereit, zur Schenke zurückzufahren, die Leiche zurückzubringen und Schluß zu machen mit dem besseren Jenseits. Sagt mir aber der Url, daß es jetzt schon zu spät sei, es gibt jetzt weder ein Hin noch ein Zurück, wir drehen uns jetzt irgendwo mitten im Feld, weiß der Teufel wo. Der Weg ist verschneit, der Himmel ist dunkel, und es ist stockfinster. Das Pferdchen ist zu Tode erschöpft. Ein böser Fluch kommt aus dem Mund des Url über den Schankwirt und über alle Schankwirte der ganzen Welt. Lieber hätte er sich, sagt er, ein Bein gebrochen, ehe an der nämlichen Schenke gehalten zu haben. Es sollte ihm der erste Schnaps in der Gurgel steckengeblieben sein, ehe er sich hatte überreden lassen, diese Narrheit zu begehen, dieses Unglück, eine Leiche in den Schlitten zu nehmen und, zu allen Teufeln, wegen eines halben Rubels hier mitten im Felde zusammen mit dem Pferde umzukommen. Vielleicht, sagt er, ist es ihm bestimmt, daß ihn hier ein böser Fluch trifft, aber das Pferdchen nebbich? Womit hat das arme Pferdchen es verdient? Ein unschuldiges Tier, ein Vieh, was weiß es?

Ich hätte geschworen, daß man in seiner Stimme Tränen hören konnte. Ich will versuchen, ihm sein Herz zu erleichtern, ich verspreche ihm noch einen halben

Rubel und noch zwei Schnäpse. Darauf gerät er in Wut und sagt mir ganz offen, falls ich nicht sofort verstumme, wirft er die Leiche aus dem Schlitten. Ich dachte bei mir: ›Was mache ich, wenn er tatsächlich, Gott behüte, die Leiche mit mir zusammen aus dem Schlitten wirft?‹ Ihr fragt noch, wenn so ein Url in Zorn gerät? Und ich muß schweigend im Schlitten sitzen, in den Kissen vergraben und dabei noch darauf achten, ja nicht einzuschlafen. Denn erstens, wie schläft man, wenn man vor sich einen Leichnam liegen hat? Zweitens habe ich gehört, daß man bei Frost nicht schlafen darf. Es kann passieren, daß man dabei ganz sanft ins Jenseits hinüberschlummert. Doch wie zum Trotz sehnen sich die Augen nach Schlaf. Ich würde jetzt, so scheint es mir, wer weiß wieviel für so ein kurzes Schläfchen geben! Ich reiße die Augen auf, doch sie gehorchen mir nicht und fallen langsam wieder zu. Sie öffnen sich und fallen wieder zu. Der Schlitten gleitet über den weißen, tiefen, weichen Schnee, und irgendeine eigenartige Süße ergießt sich in alle meine Glieder. Es erfaßt mich auf einmal ein tolles Wohlsein und eine Lust, diese Süße noch und noch zu genießen, lange, lange noch . . . Doch eine geheimnisvolle Kraft, ich weiß nicht, woher sie kommt, rüttelt mich auf: »Schlaf nicht, Nojach, schlaf nicht!« Ich reiße mit aller Gewalt die Augen wieder auf, und das Gefühl dieser sanften Süße verwandelt sich in Kälte, die in alle meine Glieder eindringt, und aus dem Wohlsein wird eine bedrückende Angst, ein unheimlicher Schrecken, daß sich Gott erbarme! Es scheint mir, daß sich der Leichnam regt, die Decke von sich abwirft und mit halbgeschlossenen Augen zu mir redet:

»Was hast du gegen mich gehabt, junger Mann? Eine arme tote Jüdin, Mutter von kleinen Kindern, und sie jetzt nicht einmal nach Israels Gebot zu Grabe bringen?«

Der Wind bläst, pfeift mit einer Menschenstimme mir direkt ins Ohr hinein, als würde er mir ein schauriges Geheimnis anvertrauen wollen. Schreckliche Gedanken und Visionen wirbeln mir im Kopf herum. Ich stelle mir vor, daß wir alle drei schon tief unter dem Schnee liegen: ich, mit Verlaub, der Url mit seinem Pferd und der Leichnam. Wir sind alle tot, nur der Leichnam, merkwürdig, nur der Leichnam, des Schankwirts Weib, sie ist lebendig...

Und plötzliche höre ich meinen Url, wie er irgendwie freudig dem Pferde zuschnalzt. Gott dankend bekreuzt er sich und seufzt dabei erleichtert auf. Ich fühle eine neue Hoffnung in mir erwachen, denn von Weitem erblicke ich das Flackern eines Lichtes, welches bald verschwindet und bald wieder aufflackert. Eine Siedlung, denke ich mir und danke Gott aus vollem Herzen.

»Es sieht so aus, als wären wir schon auf einer Straße«, rufe ich meinem Url zu. »Es sieht aus, daß wir jetzt schon bald das Schtedtl erreichen werden?«

»Aha«, sagt der Url kurz mit einer frostigen stillen Stimme, diesmal ohne Zorn. Ich möchte ihn am liebsten umarmen und auf seine Schultern küssen.

»Wie heißt du eigentlich?«, frage ich ihn, und ich wundere mich, daß ich ihn bis jetzt nicht nach seinem Namen gefragt habe.

»Mikita«, antwortet er mir kurz, wie es halt seine Art ist.

»Mikita«, wiederhole ich, und dieser Name hat für mich diesmal einen eigenartigen Zauber.

»Aha«, antwortet er kurz wie immer.

Doch in mir erwacht das Verlangen, daß er mir mehr sagt. Wenigstens noch zwei-drei Worte, möchte ich von ihm hören. Auf einmal wächst Mikitas Wert in meinen Augen. Auch sein Pferdchen wird mir teuer und, scheint mir, voller Anmut. Ich komme mit ihm über sein Pferdchen ins Gespräch. Ich sage, daß er ein ganz feines Pferdchen hat, und Mikita antwortet »aha«.

»Auch dein Schlitten ist ganz fein«, und wieder antwortet er mit seinem »aha« und kein weiteres Wort, selbst wenn du ihn in Stücke schneidest.

»Du liebst es, nicht viel zu sprechen, Mikita Herzchen, was?«

»Aha«, antwortet er wieder, und ich breche in ein Lachen aus, denn mir ist freudig, so richtig wohl zu Mute, gut und freudig zugleich, als hätte ich soeben Otschakow eingenommen oder einen Schatz gefunden oder etwas ganz Neues entdeckt, wovon niemand bis jetzt gewußt hat. Mit einem Wort, ich bin glücklich, ich bin überglücklich! Ich wollte meine Stimme zu einem Liede erheben, so wahr ich lebe! Schon immer hatte ich diese Gewohnheit. Wenn es sich trifft, daß mir gut am Herzen ist, singe ich. Mein Weib, sie soll leben, kennt meinen Charakter und fragt dann:

»Was ist los, Nojach? Wieviel hast du verdient, daß du dich so zersungen hast?«

Bei Weibern ist es halt so. In ihrem Weiberverstand singt ein Mensch nur, wenn er verdient; sonst kann ein Mensch nicht guter Dinge sein. Woher kommt es, daß unsere Weiber mehr nach Geld aus sind als wir Mannsbilder? Wer schuftet für das Geld, wir oder sie? Doch halt! Ich fürchte, ich bin schon wieder zu weit hinaus, wie man bei uns so sagt, bis nach *Bojberik* . . .

So kamen wir, heißt es, mit Gottes Hilfe ins Schtedtl hinein, noch lange vor Morgengrauen. Das Schtedtl liegt noch im tiefen Schlaf, und weit und breit ist kein Licht zu sehen. Endlich erspähe ich ein Häuschen mit einem Besen über der Tür, ein Zeichen, daß dies ein Einkehrhaus ist. Wir machen halt, kriechen aus dem Schlitten und wir, ich und Mikita, heißt es, schicken uns an, mit den Fäusten an das Tor zu klopfen. Wir klopfen, hämmern, und endlich hilft uns Gott, und im Fenster zeigt sich ein Lichtchen. Bald darauf hören wir schlurfende Schritte, und eine Stimme ertönt jenseits des Tores.

»Wer ist dort?«

»Öffnet doch, Onkelchen«, sage ich, »Ihr werdet Euch das bessere Jenseits erkaufen.«

»Besseres Jenseits? Wer seid Ihr?«, klingt es von hinter dem Tore, und man hört, wie das Schloß geöffnet wird.

»Öffnet«, sage ich, »ich führe mit mir eine Leiche.«

»Eine was?«

»Eine Leiche.«

»Was heißt da eine Leiche?«

»Eine Leiche heißt ein Gestorbener. Eine verstorbene Jüdin habe ich hierhergebracht aus einem Dorfe, aus einer Schenke.«

Jenseits des Tores wurde es wieder still. Das Schloß schnappte wieder zu, die schlurfenden Schritte hörte man ferner, immer weiter und weiter, das Licht erlischt – und *du* stehst machtlos da. Das verdrießt mich mächtig, und ich rufe meinem Url zu, daß wir jetzt beide mal mit den Fäusten ans Fenster klopfen müssen. Und so klopften wir mit viel Eifer, bis das Lichtchen wieder aufflackert und die Stimme von jenseits des Tores wieder vernehmbar wird.

»Was wollt Ihr von mir? Was ist da über mich gekommen? Ein Unglück!«

»Um Gottes Willen«, flehe ich ihn an, wie man bei einem Räuber um sein Leben fleht. »Habt doch Mitleid, ich bin hier nicht allein, ich bin mit einer Leiche!«

»Mit was für einer Leiche?«

»Das Weib des Schankwirts.«

»Was für ein Schankwirt?«

»Ich habe seinen Namen vergessen, aber sie heißt Chana-Rafael, Tochter des Chawe-Michael, ich meine Chawe-Rafael, Tochter des Michael-Chana, ich meine, Chanwe-Chana-Chavwe...«

»Wenn Ihr Euch nicht sofort von hier fortmacht, Ihr Unglücksrabe, gieße ich einen vollen Eimer Wasser über Euren Kopf!«, versetzt der Wirt des Einkehrhauses, entfernt sich vom Fenster und löscht das Lichtchen aus.

Was kann ich mit ihm machen? Erst später, nach ungefähr einer Stunde, als es zu tagen beginnt, öffnete sich das Tor ein ganz klein wenig, und aus der Türspalte zeigt sich ein schwarzer Kopf mit weißen Federn im Haar und ruft zu mir:

»Seid Ihr es, der an die Fenster gepoltert hat?«

»Ich bin es, wer denn sonst?«

»Was wollt Ihr eigentlich?«

»Ich habe eine Leiche mitgebracht.«

»Eine Leiche? Führt sie zum Schames von der *Chevra-Kedischa,* der Heiligen Bruderschaft.«

»Wo wohnt denn Euer Schames und wie heißt er?«

»Jechiel nennt man ihn, und er wohnt bergab, nicht weit vom Badehaus.«

»Wo ist bei Euch das Badehaus?«

»Das wißt Ihr auch nicht? Ihr seid offensichtlich kein Hiesiger? Woher seid Ihr, junger Mann?«

»Wo ich her bin? Aus Radomischli bin ich, ein Radomischler bin ich, aber *kommen* komme ich aus Zwohil, und die Leiche führe ich von einer Schenke nicht weit von hier. Es ist des Schankwirts Weib, sie starb an der Schwindsucht.«

»Traurig, aber was hat das alles mit Euch zu tun?«

»Mit mir? Gar nichts. Ich bin dort vorbeigefahren, und er bat mich, der Schankwirt, heißt es, sie mitzunehmen. Er haust dort mitten im Feld mit seinen kleinen Kindern, und da es dort weit und breit keinen Friedhof gibt, habe ich mich erbötig gemacht. Wenn einer einen anfleht und verspricht, daß man sich das bessere Jenseits verdienen kann, wie kann man da *nein* sagen?«

»Die ganze Geschichte ist irgendwie nicht ganz koscher«, sagt er zu mir. »Ihr müßt vor allem zu den Gaboim, ich meine, zu den Vorstehern der Heiligen Bruderschaft gehen.«

»Wer sind bei Euch die Gaboim?«, sage ich, »und wo befinden sie sich?«

»Das wißt Ihr auch nicht? Einer der Gaboim heißt Rav Schepsl, und er wohnt auf der anderen Seite des Marktplatzes. Ein anderer Gabaj, Rav Eliezer-Moische, wohnt in der Marktmitte, und Rav Josi, der dritte Gabaj, wohnt neben dem alten Bethaus. Ihr werdet hauptsächlich mit Rav Schepsl zu tun haben, er ist bei uns die Hauptperson. Ein harter Jude, das sage ich Euch schon jetzt, so leicht werdet Ihr ihn nicht herumkriegen.«

»Schönen Dank«, sage ich, »Ihr sollt es erleben, bessere Nachrichten zu bringen! Wann kann ich diese Leute sehen?«

»Was heißt da wann? So Gott will, bald nach dem Morgengebet.«

»Ein großes Glück! Und was mache ich aber bis dahin? Laßt uns wenigstens für eine Weile hinein, um uns ein wenig zu erwärmen. Bei Euch ist scheinbar ein wahres Sodom!«

Bei diesen Worten hat mein Einkehrhauswirt ganz einfach erneut das Tor vor meiner Nase verschlossen, und es wurde plötzlich wieder still wie auf einem Friedhof. Was tut man? Da stehen wir nun mit dem Schlitten mitten auf der Straße. Mikita brennt vor Zorn, brummt, kratzt sich hinter dem Halstuch, spuckt und wirft schreckliche Flüche um sich herum:

»Ein böses Schicksal möge ihn ereilen, den Schankwirt und alle Schankwirte in der ganzen Welt«, sagt er. »Mich selbst kann der Teufel auch schon holen! Aber mein Pferdchen. Was hat man gegen mein Pferdchen, daß man es so mit Hunger und Kälte quält? Ein unschuldiges Tier, ein armes Vieh, was weiß es?«

Ich schäme mich einfach vor dem Url und denke mir dabei: Wie wird er jetzt über uns Juden urteilen? Wie sehen wir für ihn aus, wir Juden, die bekanntlich barmherzigen, verglichen mit ihnen, den groben Leuten, den Urls? Wenn schon ein Jude einen zweiten Juden nicht hineinläßt, um sich zu erwärmen, verdienen wir da nicht das Dreifache von dem, was wir ertragen? Und so wurde ich auf einmal zu einem Richter, das heißt, ich fand, daß das, was wir erdulden, gerecht ist und daß wir es verdienen. Ich beschuldige die ganze Gemeinde, wie ein Jude gewöhnlich immer einen anderen Juden beschuldigt, wenn er ihm einen Gefallen verweigert. Keine böse Zunge spricht über uns so schlecht wie wir selbst. Tausendmal am Tag könnt Ihr von irgendeinem beliebigen Juden Worte hören wie: »Ein Jude ist dir kein Spaß! Bei einem Juden wollt Ihr etwas erreichen? Mit einem Juden ist nur gut *Kugel* essen. Das kann nur ein Jude. Dafür ist er doch ein Jüdlein! Ach, ein Jude, ein Jude!« Solche und ähnliche Aussagen und Komplimente hört man bei uns allein über uns. Ich möchte gerne wissen, wie es bei *jenen* zugeht, wenn es mal vorkommt, daß einer von ihnen dem anderen nicht helfen will. Fallen sie dann auch über die Gemeinde her und sagen, daß ihr ganzes Volk nicht wert ist, daß es die Erde trägt? Doch halt! Mir scheint, ich bin schon wieder zu weit hinaus, wie man bei uns so sagt, bis nach *Bojberik*.

So stehen wir, heißt es, mit dem Schlitten mitten auf dem Marktplatz und warten bis es richtig tagt und das Schtedtl anfängt, Lebenszeichen von sich zu geben. Und so geschiehts. Von irgendwo läßt sich das Krächzen einer sich öffnenden Tür hören, aus zwei, drei Schornsteinen kommt Rauch, und das Krähen der Hähne wird immer lauter und lebhafter. Schließlich öffnen sich alle Tore, und allmählich zeigen sich Gottes Geschöpfe in Gestalt von Vieh wie Kälber, Ziegen und dazu, verzeiht den Vergleich, Juden, Weiber und Mädchen, in warme Tücher eingehüllt wie Mumien, zusammengekauert in dreien und eingefroren wie Sülze. Kurz, mein Schtedtl wird lebendig, wie zum Beispiel ein zum Leben wiedererwachter Mensch. Das Schtedtl erwacht, man hat seine Fingernägel, wie es bei uns geboten ist, begossen, ein Gewand angelegt und sich an die Arbeit gemacht: Die Männer zum Beten, zum Thorastudium, zu den Bußegebeten und die Weiber begeben sich an die Kochherde, zu den Backöfen, zu den Kälbern und Ziegen. Ich machte mich auf, nach den Gaboim zu fragen. Wo wohnt Rav Schepsl, Rav Eliezer-Moische, Rav Josi? Darauf stellt man mich vor ein Verhör: »Welchen Schepsl? Welchen Eliezer-Moische und welchen Josi?« Im Schtedtl, sagen sie, sind mehrere Schepsls vorhanden und mehrere Eliezer-Moisches und mehrere Josis. Ich sage ihnen, daß ich zu den Gaboim der heiligen Bruderschaft muß. Da erschrecken sie und fangen erst recht an, mich auszuforschen: Wozu muß ich, ein junger Mann, so früh am Morgen zu den Gaboim der heiligen Bruderschaft? Da ließ ich mich nicht länger ausschnüffeln und eröffnete ihnen mein ganzes Herz. Ich enthüllte ihnen das ganze Geheimnis dieser *Bombe,* die ich auf mich genommen habe. Ihr solltet gesehen haben, was sich darauf alles abgespielt hat! Ihr glaubt vielleicht, man ist mir beigesprungen, um mich zu befreien? Nichts dergleichen. Sie sind alle aus den Häusern hinaus und zum Schlitten gelaufen, um nachzusehen, ob dort tatsächlich eine wirkliche Leiche liegt oder ob ich am Ende die ganze Geschichte erfunden hätte? Ein ganzer Kreis versammelte sich um uns. Die Menschen wechselten einander ab, das heißt, der Kälte wegen gingen Leute weg und an ihrer Stelle kamen andere, spähten in den Schlitten, wackelten mit den Köpfen, zuckten die Achseln und fingen mit ihren Fragen an: Wer ist der Tote? Woher kommt er? Wer bin ich und wie kommt der Tote zu mir? Sie boten keinerlei Hilfe an, von da bis dort, gar nichts! Mit Mühe schaffe ich es, daß sie mir endlich sagen, wo Rav Schepsl der Gabaj wohnt.

Ich traf ihn mit dem Gesicht zur Wand stehend, in seinen Gebetsmantel eingehüllt und die Gebetsriemen auf dem Arm und auf der Stirn, betend. Er betete derart mitreißend, mit einer so süßen Melodie und mit so viel Begeisterung, daß die Wände wahrlich nur so zitterten. Er knackte mit den Fingern, wiegte sich, krümmte sich und schnitt bizarre Grimassen. Ich hatte, hört Ihr, ein wahres Vergnügen dabei, denn erstens liebe ich, solch ein schönes Beten zu beobachten, und zweitens fand ich bei dieser Gelegenheit Zeit, meine durchfrorenen Knochen ein wenig zu erwärmen.

Als Rav Schepsl sein Gesicht endlich mir zuwandte, standen noch Tränen in seinen Augen, und er schien mir wie eine göttliche Person, ein Heiliger, dessen Seele so weit weg von der Erde ist wie sein großer, fetter Bauch vom Himmel. Er war noch mitten im Gebet, welches er nicht unterbrechen durfte. Aus diesem Grunde unterhielt er sich mit mir in der *Heiligen Sprache* Hebräisch. Eigentlich war es eine Art Sprache, die darin bestand, daß man mit den Händen gestikuliert, mit den Augen winkt, mit dem Rücken zuckt, bald mit dem Kopf und bald wieder mit der Nase hin und her dreht, und in das ganze Getue mischen sich zwischendurch auch einige wenige Wörter in der *Heiligen Sprache* ein. Wenn Ihr wollt, kann ich Euch das nämliche Gespräch Wort für Wort wiedergeben. Ihr werdet sicherlich selbst verstehen, welche Worte von mir und welche von ihm kamen.

»Schalom Alejchem Ihnen, Rav Schepsl.«

»Alejchem Schalom, bitte steht nicht.«

»Danke, ich bin schon genug gesessen.«

»Nu oh? Was was?«

»Ich habe eine Bitte an Euch, Rav Schepsl. Ihr könnt Euch jetzt das bessere Jenseits verdienen.«

»Bessere Jenseits? Gut . . . aber was? Was?«

»Ich habe Ihnen eine Leiche gebracht.«

»Leiche? Leiche? Was für eine Leiche?«

»Nicht weit von hier gibt es einen Schankwirt, ein armer Jude nebbich. Ihm ist sein Weib, nicht hier sei es gedacht, an der Schwindsucht gestorben. Sie hat kleine Kinder hinterlassen, ein Jammer Gottes! Hätte ich mich ihrer nicht erbarmt, weiß ich nicht, was der Schankwirt mit einem Leichnam so mitten im Feld angefangen hätte!«

»Gelobt sei der Wahre Richter, aber was nun? Geld für die heilige Bruderschaft?«

»Wer mir Geld? Was mir Geld? Jener Wirt ist ein Habenichts, belastet mit kleinen Kindern. Ihr werdet Euch das bessere Jenseits verdienen, Rav Schepsl.«

»Besseres Jenseits? Gut, sehr gut, aber was? Was? Die Juden der heiligen Bruderschaft? Nu? Auch arme Leute! Ach, oh, nu?«

Ich hatte keine Ahnung, was er damit meint. Er aber wandte sich böse wieder mit dem Gesicht zur Wand und betete weiter. Doch diesmal schon etwas leiser, um einen Ton höher, fast etwas quietschend, und er wiegt sich dabei schnell und immer schneller wie ein Eilzug in Fahrt. Dann legt er seinen Gebetsmantel und Gebetsriemen ab und fällt über mich her mit einem Zorn, als hätte ich ihm ein Geschäft verdorben oder ihm seinen Kaftan zerschlissen.

»Versteht doch«, sagt er, »unser Schtedtl ist auch nur ein armes Schtedtl mit seinen eigenen Habenichtsen, für welche, wenn sie sterben, man sogar das Armenleichentuch besorgen muß. Jetzt kommt man noch hierher aus fremden Orten, aus der ganzen Welt hierher! Alles kommt hierher!«

Ich verteidige mich so gut ich kann, beteuere ihm, daß ich, weiß Gott, in diesem Falle unschuldig bin.

»Hier handelt es sich um ein heiliges Gebot für den Toten, mein Herr. Nehmen wir an, man hat einen Leichnam gefunden«, sage ich, »auf der Straße gefunden, und man muß ihm sein Recht tun und ihn zu Grabe Israels bringen. Ihr seid doch ein ehrlicher Jude, ein frommer Jude, man kann sich doch dabei das bessere Jenseits verdienen!«

Da fiel er wieder und womöglich noch zorniger über mich her, fast hätte er mich erdolcht, das heißt, nicht wirklich erdolcht, vielmehr hätte er mir am liebsten mit seinen Worten meine Jahre verkürzt.

»So? Ihr seid also ein junger Mann, der vom besseren Jenseits kommt? Dann schaut Euch bitte ein wenig in unserem Schtedtl um und tut etwas, so daß man bei uns nicht vor Hunger und Kälte stirbt, und dann werdet Ihr Euch auch das bessere Jenseits erkaufen! Sehet nur diesen *Besseren-Jenseits-Juden!* Ein junger Mann, der mit besserem Jenseits handelt! Gehet nur gemach mit Eurer *Ware* zu den Schacherern, vielleicht werden sie mit Euch über das bessere Jenseits verhandeln. Wir haben hier unsere eigenen Gebote und guten Taten, und sollten wir einen Anteil vom besseren Jenseits begehren, werden wir uns auch ohne Euch einen Rat zu schaffen wissen!«

So sprach zu mir der Gabaj Rav Schepsl, schubste mich dabei ganz wütend hinaus und warf krachend die Tür hinter mir zu.

Da stehe ich nun, und ich schwöre Euch – wir sehen uns doch jetzt zum ersten und vielleicht zum letzten Mal – seit jenem Morgen empfinde ich eine besondere Abneigung gegen fromme, altförderische Juden. Ich hasse seither Juden, die laut beten, sich beim Beten schütteln und dabei Grimassen schneiden. Ich hasse ihre Frömmigkeit und auch alle Juden, die mit Gott reden, Gott dienen und welche nur *in Himmels Namen* sprechen, alles nur *Gottes wegen* tun. Ihr werdet vielleicht sagen, daß es tatsächlich bei den *heutigen,* bei den aufgeklärten Juden keine Frömmigkeit mehr gibt und vielleicht sogar weniger Gerechtigkeitssinn als bei den *Ehemaligen,* den Frömmlern? Es ist möglich, daß Ihr damit recht habt, doch wenn dem auch so sein mag, ist doch der Verdruß nicht so groß, und man redet wenigstens nicht *nur mit Gott allein.* Aber, werdet Ihr vielleicht fragen, warum kämpfen dann die *Heutigen,* die Aufgeklärten, so leidenschaftlich für die Wahrheit, stellen die Welt auf den Kopf, als hätte sie der Teufel gepackt? Und wenn sogar etwas dabei herauskommt, erweist es sich dann ja doch als ein

Nichts? Doch halt! Mir scheint, ich bin schon wieder in *Bojberik*...

Hat mich, heißt es, der erste Gabaj Rav Schepsl, mit Verlaub, einfach hinausgeworfen. Was tut man jetzt? Man muß halt weitergehen, heißt das, zu den anderen Gaboim. Da geschah aber plötzlich ein Wunder, ein Wunder vom Himmel herab! Es wurde mir erspart, zu den Gaboim zu gehen, denn siehe da: die Gaboim sind zu mir gekommen, sind mir Nase zu Nase an der Tür begegnet und haben mir zugerufen:

»Seid Ihr vielleicht der junge Mann mit dem Leichnam? Der junge Mann, heißt es, der einen Leichnam hierhergebracht hat, seid Ihr es?«

»Ja, ich bin es. Was ist damit?«

»Kommt zu Rav Schepsl zurück, wir werden zusammen Rat halten.«

»Rat halten?« sage ich. »Was ist da schon zu beraten? Nehmet mir den Leichnam ab und laßt mich weiterfahren. Ihr verdient Euch damit das bessere Jenseits.«

»Hält Euch denn jemand hier zurück?«, sagen sie zu mir, »fahrt ruhig mit dem Leichnam, wohin Ihr wollt, sogar nach Radomischli. Wir werden Euch nur dankbar sein.«

»Ich danke Euch für diesen Rat«, sage ich zu ihnen.

»Nicht wofür«, erwidern sie und begeben sich zu Rav Schepsl.

Ich höre wie die drei Gaboim miteinander in ein hitziges Gespräch geraten. Bald streiten sie, bald zanken sie, beinahe fluchen sie, sagen, daß Rav Schepsl immer ein Störenfried sei, ein harter Jude und schwer verdaulich, dem nicht leicht beizukommen ist. Auch Rav Schepsl gebärdet sich wild, schlägt um sich und überschwemmt sie mit Bibelversen. Er schreit, daß die Stadtarmen Vorrang haben. Darauf fallen die anderen über ihn her:

»Was wollt Ihr, daß der junge Mann vielleicht mit der Leiche zurückfährt?«

»Gott bewahre«, werfe ich dazwischen, »was soll das? Ich soll mit dem Leichnam zurückfahren? Ich bin kaum lebend hier angekommen, bin beinahe auf dem Feld umgekommen. Der Url, lange leben soll er, wollte mich aus dem Schlitten werfen. Ich flehe Euch an, habet Erbarmen, befreiet mich vom Leichnam, und Ihr werdet Euch damit das bessere Jenseits erkaufen.«

»Das bessere Jenseits ist natürlich ein guter Bissen«, erwidert mir einer der Gaboim, ein hoher, magerer Jude mit spinndürren Fingern. Es ist der, den man Eliezer-Moische nennt. »Den Leichnam werden wir Euch abnehmen, aber ein paar Rubelchen wird es Euch halt kosten müssen.«

»Wieso denn«, sage ich, »ich habe eine gute Tat auf mich genommen, bin beinahe auf dem Feld umgekommen, der Url hat, lange leben soll er, mich aus dem Schlitten werfen wollen, und da redet Ihr noch von Geld?«

»Dafür habt Ihr Euch doch das bessere Jenseits erkauft«, sagt zu mir Rav Schepsl mit einem so widrigen Grinsen, daß ich ihn am liebsten gehörig durchwalken wollte. Doch ich halte mich mit allen Kräften davor zurück, bin ich doch in ihren Händen.

»Lasset mit Euch reden«, sagt zu mir einer der Gaboim, den man Rav Josi nennt, ein Jude von kurzem Wuchs, mit einem halb ausgepflückten Bärtchen. »Ihr müßt wissen, junger Mann, daß Ihr auf Euch noch eine andere *Bombe* genommen habt. Ihr habt nämlich keine Dokumente, keinerlei Papiere habt Ihr.«

»Was für Papiere?« frage ich ihn.

»Woher wissen wir, wer dieser Leichnam ist?«

»Vielleicht ist es gar nicht der Leichnam, den Ihr angebt«, wendet sich zu mir der Hohe mit den spinndürren Fingern, der nämliche Eliezer-Moische.

Ich stehe da und blicke von einem zum anderen, während der Lange mit den spinndürren Fingern, den man Eliezer-Moische nennt, mit dem Kopfe wackelt, mit seinen dünnen Fingern auf mich zeigt und zu mir sagt:

»Ja, ja, ja. Vielleicht habt Ihr selbst gar irgendwo diese Jüdin abgeschlachtet, und vielleicht ist sie sogar Euer eigenes Weib, und Ihr habt sie hergebracht und uns eine Geschichte erzählt von einer Feldschenke, vom Schankwirt sein Weib, Schwindsucht, kleine Kinder, besseres Jenseits . . .«

Versteht sich, daß ich bei diesen Worten zu Tode erschrocken war. Da versuchte der kurze Gabaj, den man Rav Josi nennt, mich zu beruhigen und mir das Herz zu erleichtern. Eigentlich hätten sie nichts dagegen, denn was haben sie gegen mich? Sie verdächtigen mich gar nicht, sie verstehen ganz gut, daß ich kein Räuber und kein Mörder bin. Aber ich bin halt, sagt er, ein Fremder, und ein Leichnam ist kein Sack Kartoffeln. Man hat hier mit einem Toten zu tun, mit einem Leichnam. Es gibt hier, sagt er, einen Rabbiner und, mit Verlaub, auch einen Polizisten, ein Protokoll muß aufgesetzt werden.

»Ja, ja, ja, ein Protokoll, ein Protokoll«, mischt sich der Lange ein, den man Eliezer-Moische nennt, deutet mit den Fingern und schaut auf mich von oben herab mit Augen, als hätte ich tatsächlich etwas Arges begangen, etwas, wofür ich ins Zuchthaus gehöre.

Ich fühle, wie der Schweiß von meiner Stirn rinnt, und es wurde mir, nicht für Euch seis gedacht, übel, zum

Ohnmachten. Erst jetzt begriff ich, in was für eine wüste, finstere Lage ich da hineingeraten bin. Ich empfand Schande, Verdruß und Herzweh – alles zugleich! Schließlich faßte ich einen Entschluß. Wozu mit ihnen lange herumhandeln. Ich ziehe meinen Geldbeutel heraus und wende mich zu den drei Gaboim von der heiligen Bruderschaft:

»Höret mich an, Juden. So also ist die Geschichte. Ich sehe schon, daß ich hier gut hereingefallen bin. Der Teufel muß mich zu jener Feldschenke getragen haben, als es dem Schankwirt sein Weib zu sterben gelüstete. Ich mußte mir das Gejammer der kleinen Kinder anhören und das Bitten des Schankwirts, der mich anflehte und mir zuredete, mir das bessere Jenseits zu erkaufen. Nun muß es mich eben Geld kosten. Hier habet Ihr meinen Geldbeutel. Ich habe alles in allem paarundsiebzig Rubel drin. Nehmet sie und handelt nach Euerem Gutdünken, mir lasset nur etwas für Spesen zurück, auf daß es mir bis nach Radomischli lange. Jetzt nehmet mir endlich den Leichnam ab und lasset mich lebend von dannen ziehen.«

Meine Worte drangen aus vollem Herzen, denn alle drei Gaboim blickten einander an, scheuten vor meinem Geldbeutel zurück und meinten, daß hier, Gott behüte, kein Sodom sei. Es sei wahr, das Schtedtl sei ein armes Schtedtl, und es gäbe hier mehr Arme als Reiche, aber über einen Fremden herfallen und ihm befehlen: *Jude, gib Geld!* das, oh nein, pfui! Wieviel ich ihnen guten Willens zu geben bereit sei, sei gut genug. Aber so ohne weiteres davonkommen, ginge auch nicht. Es sei halt ein armes Schtedtl, wo blieben die Gemeindediener, Totenträger, Leichentuch, Schnaps, Grabgebühr, das alles in bescheidenem Maße, man brauche nicht zu prassen, denn Prassen kenne keine Grenzen.

Was soll ich Euch da noch mehr erzählen? Selbst wenn der Schankwirt ein Vermögen von hunderttausend Rubel gehabt hätte, hätte sein Weib nicht so eine schöne Leichenfeier gehabt, wie sie es hier bekommen hat. Das ganze Schtedtl ist zusammengelaufen, sich den jungen Mann, der eine Leiche gebracht hat, anzusehen. Sie erzählten einander immer wieder die Geschichte von einem jungen Mann mit dem sehr reichen Leichnam seiner reichen Schwiegermutter. Woher kamen sie auf den Gedanken, daß dies meine Schwiegermutter war? Sie kamen alle den jungen Mann zu begrüßen, der seine reiche Schwiegermutter hergebracht hat und mit Geld nur so herumwirft. Alle deuteten mit Fingern auf mich. Und Bettler? Seit ich lebe, seit ich auf meinen Füßen stehe, habe ich nicht so viele Bettler gesehen. Am *Jom Kipur*-Vorabend vor dem Bethaus vielleicht, aber kein Vergleich! Man hat mich am Rock gezerrt, mich beinahe in Stücke gerissen. Ein junger Mann, der mit Geld herumwirft, ist schließlich keine Kleinigkeit. Zum Glück nahmen sich die Gaboim meiner an und ließen nicht zu, daß ich mein ganzes Geld verschenke. Und überhaupt, der lange Gabaj mit den spinndürren Fingern, Eliezer-Moische heißt er, ist keine Sekunde von meiner Seite gewichen, und unaufhörlich deutete er mir warnend mit seinen Fingern:

»Junger Mann, werft nicht mit Eurem Geld herum. Geldverschleudern kennt keine Grenzen.«

Doch je mehr er in mich hineinredete, desto mehr Schnorrer umkreisten mich und rissen mir förmlich das Fleisch vom Leibe.

»Macht nichts«, schrien die Bettler, »macht nichts, wenn man eine reiche Schwiegermutter begräbt, kann man sichs schon ein paar Groschen kosten lassen. Die

Schwiegermutter hat ihm genügend Geld zurückgelassen, ohne seinen Schaden, uns gesagt.«

»Junger Mann«, schreit ein Schnorrer und zieht mich beim Rock. »Junger Mann, gebt uns zwei einen halben Rubel! Gebt uns wenigstens einen Fünfziger. Wir sind zwei Krüppel von Geburt. Der eine ist blind, und der andere ist lahm. Gebt uns wenigstens einen Gulden, einen Gulden für zwei Krüppel! Zwei Krüppel sind doch einen Gulden wert.«

»Was erzählt er Euch da von Krüppeln? Höret nicht auf ihn«, schreit ein anderer Schnorrer und stößt jenen Schnorrer mit den Füßen fort. »Das heißt bei ihm ein Krüppel? Mein Weib, sie ist ein Krüppel ohne Hände, ohne Füße, ohne Leib und Leben und mit kleinen Kindern noch dazu. Gebt mir, junger Mann, wenigstens noch einen Fünfer, und ich werde für Eure Schwiegermutter Kaddisch, das Totengebet, sagen, auf daß sie in den lichten Garten Eden einziehe.«

Jetzt kann ich lachen, aber damals war ich einem Gelächter fern, denn die Bettlerhorde wuchs wie auf Hefe und in einer halben Stunde war der ganze Markt mit Schnorrern überschwemmt. Es war unmöglich, sich mit der Leiche fortzubewegen. Die Gemeindediener mußten die Menge mit Stöcken vertreiben. Es kam zu einer Schlägerei. Es versammelten sich um uns auch schon Gojim und Gojes, Schkozim und Schickses, bis die ganze Geschichte die *hohen Fenster* erreichte. Ihr versteht, daß dann der Herr Gendarm erschien, hoch zu Pferd und mit einer Peitsche in der Hand. Er hat mit einem Blick und einigen guten Peitschenhieben die ganze Menge zerstreut, und sie stoben auseinander wie Vögel. Er stieg vom Pferd, trat auf den Leichnam zu, um festzustellen, was da vorging, wer gestorben ist, woran man gestorben sei und warum der Marktplatz so voller Leute war. Zuerst gefiel es ihm, mich herzunehmen: Wer ich bin, woher ich komme, wohin ich fahre? Ich erschrak derart, daß mir die Sprache wegblieb. Ich weiß nicht, was das ist, aber immer, wenn ich einen Gendarm erblicke, lasse ich Hände und Füße fallen, obzwar ich in meinem ganzen Leben keiner Fliege an der Wand, wie man so sagt, etwas angetan habe. Dabei weiß ich ganz gut, daß ein Gendarm auch nur ein Mensch ist, Fleisch und Blut wie alle Menschen. Im Gegenteil, ich kenne bei uns einen Juden, der sich mit einem Gendarm verträgt wie andere zwei. Sie besuchen einander, an den Feiertagen ißt der Gendarm Fisch beim Juden, und er beehrt dann auch mal den Juden mit buntbemalten Ostereiern. Jener Jude kann diesen Goj gar nicht genug loben. Und trotzdem, wenn ich einen Gendarm erblicke, ergreife ich die Flucht. Es dürfte bei mir wohl vererbt sein, denn ich selbst, müßt Ihr wissen, komme von *Geprügelten*, von den Zlowitern, heißt es, von den richtigen Zlowitern bei Wassiltschikow. Ich könnte Euch ganze Haufen davon erzählen, doch halt! Mir scheint, ich bin diesmal schon jenseits von *Bojberik*.

Geh und versuch jetzt dem Gendarm zu erzählen, daß ich beim Schwiegervater in Zwohil mit Beköstigung sitze und daß ich nach Radomischli um einen Ausweis fahre. Lange leben sollen die Gaboim, welche mich von dieser Sorge erlösten. Einer der Gaboim, der mit dem zerflickten Bärtchen, hat den Herrn zur Seite gebeten, hat mit ihm über etwas flüsternd verhandelt, und währenddessen hat mich der lange Gabaj, der mit den spinndürren Fingern, instruiert, was ich sagen soll:

»Nein, mein Jüdlein! Ihr sagt ihm, daß Ihr ein Hiesiger seid, aber Ihr wohnt nicht weit vom Orte, und das hier ist

Eure heißgeliebte Schwiegermutter, heißt es, Eure Schwiegermutter, die verschieden ist, und Ihr seid gekommen, um sie zu Grabe zu tragen. Und während Ihr ihm etwas in die Hand gebt, erfindet irgendeinen Namen aus der *Hagadah*. Euren Url werden wir inzwischen ins Haus rufen und ihn mit einem Schnäpschen beehren. Es wäre schon ganz gut, wenn er nicht hier herumsteht.«

Der Herr Gendarm ging mit mir in ein Zimmer, und dort nahm er mich ins Verhör. Ich soll mit Euch zusammen so von Bösem wissen, daß ich weiß, was ich ihm da alles zusammengeredet habe? Ich erinnere mich nur, daß ich etwas mit der Zunge geplappert habe, was mir gerade einfiel, und er hat alles niedergeschrieben.

»Wie heißt du?«

»Mowsche.«

»Dein Vater?«

»Itzko.«

»Wie alt bist du?«

»Neunzehn Jahre.«

»Ein Beweibter?«

»Ein Beweibter.«

»Sind Kinder vorhanden?«

»Vorhanden.«

»Was ist dein Beruf?«

»Händler.«

»Wer ist da gestorben?«

»Meine Schwiegermutter.«

»Wie hieß sie?«

»Jente.«

»Ihr Vater?«

»Gerschon.«

»Wie alt war sie?«

»Vierzig Jahre.«

»Woran ist sie gestorben?«

»Vor Schrecken.«

»Vor Schrecken?«

»Vor Schrecken.«

»Was heißt vor Schrecken?«, neigt er sich zu mir, legt die Feder weg, zündet sich eine Zigarette an und betrachtet mich von Kopf bis Fuß.

Ich hatte das Gefühl, daß jeden Augenblick jetzt meine Zunge am Gaumen festkleben wird. Da sagte ich mir, wenn man schon sowieso Lügen bäckt, muß man halt weiter backen. Und ich habe ihm eine Geschichte erzählt, wie meine Schwiegermutter allein bei einer Arbeit saß, nämlich beim Sockenstopfen, und dabei vergessen hat, daß bei ihr ein 13jähriger Junge wohnt, Efraim heißt er, zwar schon ein 13jähriger Bocher, aber ein abgerissener Narr, der noch mit dem Schatten spielt. Der hatte den Einfall, beide Hände um ihre Schultern zu legen, aus dem Schatten ein Zieglein an der Wand zu machen, dabei sein Maul aufzureißen und laut zu blöcken: *Meeh*. Da fiel sie vom Stuhl, meine Schwiegermutter, und starb. So spinne ich ihm eine lange Lüge vor, er aber blickt mich an, läßt kein Auge von mir, und ich schütte Lügen aus, fahre mit der Zunge herum, ich weiß selbst nicht, was ich alles zusammengefaselt habe. Er hört mich bis zum Ende an, spuckt aus, wischt seinen roten Schnurrbart und tritt mit mir hinaus, direkt zum Leichnam. Er deckt das schwarze Tuch auf, blickt auf das Gesicht der Verstorbenen und schüttelt sein Haupt, als wollte er sagen: »Da ist etwas nicht gerade!«

Ich schaue auf ihn, er schaut auf mich und dann wendet er sich zu den Gaboim:

»Na, die Verstorbene könnet Ihr behalten, doch diesen Kerl muß ich hier zurückhalten, bis ich die Angelegenheit überprüfe, ob es auch stimmt, daß dies hier wirklich seine Schwiegermutter ist und daß sie vor Schrecken gestorben ist.«

Ihr könnet Euch vorstellen, wie bitter und finster mir bei diesen Worten wurde. In großer Verzweiflung verzog ich mich zur Seite und brach in Weinen aus. Wie geweint, meint ihr? Wie ein kleines Kind.

»Junger Mann! Was wisset Ihr?«, sagt mir der Kleine, den man Rav Josi nennt. Er tröstet mich, besänftigt mein wehes Herz, sagt, daß mir nichts schaden wird, denn ich bin eine unschuldige Seele, meine Hände sind rein, was habe ich also zu fürchten?

»Wenn man keinen Knoblauch ißt, riecht man nicht aus dem Mund«, ergänzte der Gabaj Rav Schepsl mit einem solch falschen Lächeln, daß ich ihm am liebsten zwei Ohrfeigen auf seine feisten Backen versetzt hätte.

Gewalt! Was nützte mir, solch eine miese Lüge zu erfinden und noch dazu meine Schwiegermutter darin zu verwickeln? Mehr wird meinen seidenen Kleidern nicht fehlen, wenn diese Historie zu ihren Ohren kommt, wie ich sie durch einen Schrecken lebendig begraben habe.

»Nein, mein Jude, erschreckt nicht so, Gott ist mit Euch! Der Herr Gendarm ist kein so böser Herr, wie Ihr glaubt. Ihr gebt ihm noch etwas in die Hand und bittet ihn, daß er das Protokoll vernichten soll. Der Herr Gendarm ist klug und durchtrieben; er weiß ganz gut, daß alles, was Ihr da geredet habt, mit Verlaub, lauter Lug und Trug ist.«

So spricht er zu mir, Rav Eliezer-Moische, und deutet mit seinen dünnen Fingern hin. Wenn ich könnte, hätte ich ihn in zwei zerrissen, wie man einen Hering zerreißt. Er war es, der mich auf dieses Glatteis geführt hat, Fluch seinem Namen und seinem Gedenken!

Mehr kann ich nicht erzählen. Ich erinnere mich nicht einmal, was ich damals weiter durchmachen mußte. Ihr versteht doch allein, daß man mich meiner Gulden ganz entledigt hat, mich in den Knast gesteckt hat und daß ich auch noch einen Prozeß auf den Hals bekam. Doch das alles ist Mist gegen das, was ich kriegte, als meine Schwiegereltern erfuhren, daß ihr Schwiegersohn eingesperrt ist wegen einer Leiche, die er von irgendwo hierhergeschleppt hat. Es versteht sich, daß sie sofort herbeigeeilt sind und sich als meine Schwiegereltern ausgewiesen haben. Doch da kam erst der rechte Segen auf die Hochzeit: Von einer Seite packt mich die Polizei:

»Ein feiner Bocher bist du. Wenn deine Schwiegermutter Jente, Tochter des Gerschon am Leben ist, wer ist dann die Verstorbene?«

Das war Nummer eins. Als Nummer zwei hat sich dann meine Schwiegermutter auf mich geworfen.

»Ich frage dich nur eines: Sage mir nur, was du gegen mich hattest, mich lebendig zu begraben?«

Selbstverständlich stellte sich bei der Gerichtsverhandlung heraus, daß ich rein bin. Es hat natürlich Geld gekostet, man hat Zeugen herbeigebracht, den Schankwirt mit den Kindern, und man hat mich schließlich aus dem Gefängnis befreit. Was ich aber damals alles auszustehen hatte, hauptsächlich von meiner Schwiegermutter, das wünsche ich nicht dem größten, nicht dem schlimmsten Feinde.

Seither ergreife ich die Flucht vor dem *besseren Jenseits.*

Das neue Kasrilewke

Vorwort

In der letzten Zeit erscheinen Beschreibungen von Städten und Ländern und andere ähnliche nützliche Bücher. Ich überlegte: Überall tanzen wir ihnen ihrem Takte nach. Bei ihnen gibts Zeitungen, bei uns gibts Zeitungen; bei ihnen gibts ein Neujahr, bei uns gibts ein Neujahr; bei ihnen gibts Bücher *Ganz Moskau, Ganz Petersburg, Ganz Berlin, Ganz Paris.* Warum soll es bei uns nicht ein Buch *Ganz Kasrilewke* geben?

Und ich, Scholem Alejchem, selbst ein Dortgeborener, der da vor kurzem zu Besuch der Elterngräber weilte, dachte mir: Womit kann ich mich meinen Kasrilewker Brüdern und Schwestern für ihre Gastfreundschaft besser dankbar erweisen, als der Stadt einen Namen in der Welt zu machen? Dabei hatte ich eigentlich mehr das Gemeinwohl als mein eigenes im Sinne. Laß fremde Menschen wissen, wenn sie mal mach Kasrilewke kommen, bei wem man dort einkehren soll und wie man hinfährt, wo man ein gutes Mittagessen bekommen kann, mit einem guten Gläschen Wein dazu, wo man ein wenig bummeln kann, sich ein wenig im Theater amüsieren und andere solcher Vergnügungen genießen, welche dort in Mengen vorhanden sind. Es ist ja nicht mehr das Kasrilewke von einst. Der große Weltfortschritt ist auch bis hierher vorgedrungen und hat die Stadt auf den Kopf gestellt. Und so habe ich mein Buch mit dem Titel *Das neue Kasrilewke* versehen.

Kasrilewker Straßenbahn

Ich traf mit der Eisenbahn in Kasrilewke ein – es geht ja schon, Gott sei Dank, eine Bahn nach Kasrilewke. Es war an einem frühen Herbstmorgen vor dem Morgengebet. Dünne Regenfädchen rieselten herab und verwandelten den Boden in einen tiefen, weichen Morast. Am Bahnhof strömte gleich eine Schar Dienstmänner auf mich zu, mit gelben Bärten, gelben Kaftanen und mit gelben Blechschildern auf ihren abgetragenen Mützen.

»Grand Hotel! Hotel Franzia! Portugalia! Türkalia!«

Nachdem ich mich mit Gottes Hilfe von den Dienstmännern befreit hatte, geriet ich an eine andere Bande, die der Droschkenkutscher, mit großen Stiefeln und langen Peitschen. Diese Droschkenkutscher haben mich beinahe in Stücke gerissen. Einer von ihnen, ein kräftiger Kerl, hat mir mein Köfferchen aus der Hand gewunden, worauf ich Lärm schlug:

»Meine Schriften! Meine Papiere!«

Daraufhin nahmen zwei andere Droschkenkutscher sich meiner an. Jeder wollte mich in seine Droschke hineinbekommen, und es entstand eine Schlägerei. Währenddessen erwischte ich mein Köfferchen, entschlüpfte ihren Händen und rannte geradewegs zur Straßenbahn.

»Hereinspaziert! Brüderchen, nur hereinspaziert! Einen Fünfer für die Fahrt! Einen Fünfer pro Jude! Von hier bis zum Ende der Belefiler Gasse, alles in allem, ein Fünfer! Fünf Kopeken pro Jude!«

So schreit der Schaffner, ein junger Mann mit einem gelben Bärtchen, mit einer krächzenden Stimme, einer Tasche um den Hals hängend und einem *Knöpfchen* auf der Mütze. Neben ihm steht ein Jude in einem zerrissenen Kaftan mit einer Peitsche – der Pferdebahnkutscher. Beide weisen mit den Händen auf eine Art Kasten mit eingeschlagenen Fensterscheiben, der ein wenig zur Seite geneigt dasteht, den man *Waggon* nennt. Eingespannt an einer langen Deichsel steht ein dürrer Gaul, der mit herunterhängendem Kopf vor sich hindöst.

»Nur langsam«, sagt zu mir der Schaffner, »Ihr sollt nicht stürzen. Dem Fußboden fehlt ein Brett. Die Trambahn wird gerade repariert.«

Ich setze mich vorsichtig im Waggon nieder, lege das Köfferchen neben mich hin und schlage die Füße zusammen, um mich zu erwärmen.

»Schaffner«, sage ich zum jungen Mann, »werden wir mal abfahren?«

»So Gott will und mit Gottes Hilfe«, antwortet mir der Schaffner.

»Gib mir doch ein bißchen Tabak, Josil«, sagt zu ihm der Kutscher, der mit der Peitsche und dem zerrissenen Kaftan.

»Ihr seid nicht krank zu rauchen Wurzelkraut, Reb Chasril?« weist ihn der Schaffner kurz angebunden zurück.

»Mach keine Späße, du Rotzbube, und gib Tabak für eine Zigarette her!« sagt zu ihm Chasril, der Kutscher.

Schließlich drehen der Schaffner und der Kutscher jeder für sich Zigaretten.

»Wann fahren wir ab?« frage ich den Schaffner wieder.

»Heute«, erwidert er kaltblütig und reicht dem Kutscher Feuer.

Ich warte und warte, und allmählich finden sich auch andere Fahrgäste ein.

Zuerst kriecht ein Jude in einem zerrissenen Pelz herein. Der Pelz ist aus einem Fell, bei dem es schwer zu erraten wäre, von welchem Tier es stammt. Soll ich sagen Fuchs, ist es zu weiß, soll ich sagen Katze, ist es zu rot.

Nach dem Juden mit dem zerrissenen Pelz kriecht noch ein Jude herein, ohne Pelz, ein frierender Jude nebbich. Er schaut sich nach allen Seiten um, seufzt und sucht einen Platz in einem Winkel bei der Tür. Nach dem frierenden Juden schiebt sich ein Korb mit Äpfeln in den Waggon und gleich nach dem Korb eine Jüdin, eingehüllt in drei Tücher, alle drei ganz zerfetzt, und man kann sehen, daß auch ihr nebbich kalt ist.

»Hü hott! Losgefahren!«, ruft Josil der Schaffner dem Kutscher Chasril zu, gibt einen Pfiff und die Straßenbahn setzt sich in Bewegung. Sie fährt einige Schritte und macht halt. Die Wagentüre öffnet sich, und es zeigt sich ein Kopf.

»Ist Moische hier?«

»Welcher Moische?«, fragt Josil der Schaffner.

»Ein Bursche mit einer Mütze«, antwortet der Kopf.

»Dient er vielleicht in der Eisenhandlung?« fragt ihn Josil.

»In einer Eisenhandlung«, antwortet der Kopf.

»Ich kenne ihn«, sagt Josil der Schaffner, gibt wieder einen Pfiff zum Kutscher. »Hü hott, Reb Chasril, weiterfahren!«

Und wir fahren weiter.

»Fahrschein«, wendet sich zu mir der Schaffner. »Ihr seid mir irgendwie nicht bekannt. Offensichtlich kein Hiesiger... Ihr gedenkt, Euch hier länger aufzuhalten? Da kann ich Euch eine Unterkunft empfehlen, nicht gerade ein Hotel, aber sauber, ohne Wanzen, und zum Speisen kann ich Euch ein Plätzchen zeigen, wo es Euch wenig kosten wird, und dabei werdet Ihr einen wahren Genuß haben.«

Ich danke ihm sehr und sage ihm, daß ich hier Bekannte habe. Darauf fragt er:

»Wer sind Sie? Was sind Sie? Und was ist Ihre Beschäftigung?«

Ich erfinde irgendeinen Namen aus der *Hagadah* und bin ihn endlich los. Er läßt mich in Ruhe, wendet sich zum Juden mit dem Pelz und fordert ihn auf, ein Billett zu kaufen. Der Jude mit dem Pelz zuckt die Achseln:

»Weiß ich. Aber habe ich denn auch nur einen Groschen am Leibe?«

»Schon zum dritten Mal in dieser Woche fahrt Ihr ohne Fahrschein!« sagt Josil der Schaffner mit Verdruß.

»Nu, soll ich deswegen zu Fuß gehen? Oder soll ich das Geld deinetwegen stehlen?« antwortet ihm der Jude mit dem Pelz ärgerlich.

Josil der Schaffner macht eine abweisende Handbewegung und wendet sich zum frierenden Juden, dem ohne Pelz, der sich schlafend stellt. »Höret doch und seid so gut, einen Fahrschein!« Der Jude schrickt aus dem Schlafe auf und reibt sich die Hände.

»Ein Billett«, wiederholt Josil der Schaffner.

»*Schumati,* ich habe gehört«, antwortet ihm der Jude und haucht keuchend in seine Fäuste.

»Was nützt mir Euer *Schumati*«, fährt ihn Josil der

Schaffner in einem derben Ton an. »Seid so gut, nehmt einen Fünfer heraus und bezahlt einen Fahrschein!«

»Schon gut«, entgegnet der Frierende, »warum gleich so zornig? Sieh nur, ein ganzer Aristokrat!«

»Verstellt Euch nicht«, sagt zu ihm Josil der Schaffner, »und gebt schon den Fünfer her!«

»Eh, nu«, erwidert der Frierende, »mir wirst du von einem Fünfer etwas herausgeben...«

»Meine Sorgen werde ich Euch herausgeben«, sagt Josil der Schaffner.

»Behaltet sie, zu gesund«, erwidert der Frierende. »Ich habe an meinen eigenen Sorgen genug.«

»Werde ich Euch mit Vergebung jetzt auffordern, gütigst auszusteigen.« Und ruft zum Kutscher: »Reb Chasril, halt!«

Chasril der Kutscher hält die Trambahn an, atmet auf und noch mehr tut's der Gaul.

»Seid so gut, mit dem rechten Fuß«, sagt Josil der Schaffner. Der Frierende sitzt, trampelt mit den Füßen, reibt sich die Hände und rührt sich nicht vom Fleck.

»Ihr wartet auf eine Einladung?«, sagt zu ihm Josil der Schaffner.

»Wollt Ihr vielleicht, daß ich Euch beim Kragen fasse und Euch hinauswerfe? Soll nur kommen Welvel der Kontrolleur, er weilt gerade bei einer Beschneidungsfeier bei unserem Kassierer, wird er Euch die richtige Lektion erteilen. Reb Chasril, vorwärts!« ruft er zum Kutscher, und die Trambahn fährt weiter.

»Es gibt keine Gerechtigkeit auf dieser Welt«, mischt sich plötzlich die Jüdin mit den Äpfeln ins Gespräch ein, »warum ist dieser Jude ärger als jener Jude, daß jener ohne Billett fahren darf und dieser nicht? Nur weil jener einen Pelz trägt und dieser nackt herumgeht? Wird er dir vielleicht ein Stückchen Bank abnützen, wird er dir? Oder glaubst du, daß man dir einen goldenen Grabstein setzen wird, wird man dir?«

»Wer hat Euch gebeten, sich als Fürsprecherin der Gerechtigkeit hinzustellen?« ruft Josil der Schaffner ihr zu. »Wie könnt Ihr diesen Juden mit jenem vergleichen? Jenen Juden kenne ich: Er ist eines Vaters Kind, nebbich. Und diesen?« Er zeigt auf den Frierenden. »Weiß ich, wer er ist? Irgendein Armer von wer weiß wo...«

»Nu, und wenn schon ein Armer?« erhebt die Jüdin mit den Äpfeln ihre Stimme, »braucht man ihn so hin und her zu stoßen? Was ist das für eine Grobheit, ist das? Sagt doch, womit er gesündigt hat! Das Pferd geht sowieso zur Stadt, wird halt noch ein Jude da sitzen. Soll dir scheinen, du hast den Fünfer schon genommen, nu? Wirst du denen damit schon die Suppe fettmachen, wirst du?«

»Man fragt Euch nicht um Rat«, sagt zu ihr Josil der Schaffner, »gebt besser einen Fünfer her und kauft einen Fahrschein!«

»Oj, Juden!« fährt die Jüdin auf und schlägt sich auf das Kleid. »Ich wußte, daß er auch auf mich losgehen wird! So wahr ich alles Gute erlebe, ich habe es gewußt!«

»Was denn habt Ihr gedacht«, sagt Josil der Schaffner, »daß ich Euch umsonst herumfahren werde?«

»Was heißt, du wirst mich fahren?« entgegnet die Jüdin. »Der Wagen fährt mich, nicht du. Er hat sich einen Messingknopf angenäht und kommandiert! Ich erinnere mich noch an dich, als du noch ein *Behelfer* bei Leizer Hersch Bordaki warst, warst du. Du hast die Kinder auf deinem Rücken zum Cheder getragen, mit einem Töpfchen Essen. Heute erzählt er uns Geschichten: Billett, *Schmillett!*«

»Was sagt Ihr zu meinem Glück?«, wendet sich Josil zu mir und setzt sich neben mich.

»So wie Ihr sie hier seht, sind sie bei uns alle. Wer Geld hat und zahlen kann, geht zu Fuß, und wer keins hat und nicht zahlen kann, fährt mit der Straßenbahn. Da geh einer und lebe, erhalte eine alte Mutter und eine verwitwete Schwester! Seht Ihr dieses Paar Stiefel?« Er zeigt mir seine Stiefel. »Sie bitten doch direkt um Essen.«

Plötzlich hört man einen Krach, den Zusammenprall zweier Deichseln, das Ächzen und Schnaufen zweier Pferde. Zwei Waggons begegnen einander auf der gleichen Fahrbahn – der eine her und der andere hin. Und man hört Fluchen:

»Die Cholera dir! Ein böses Schicksal! Der Teufel treffe deines Vaters Vater bis zu Adam, dem ersten Menschen!«

»Mögest du an der Deichsel ersticken und soll dein Mund schief bleiben!«

»Der Teufel soll deines Vaters Vater holen. Hast du die Vorfahrt? Wo sind deine Augen, du Bankert? Du siehst doch, daß ich rechts fahre, mußt du auf die linke Seite!«

»Wo steht es geschrieben, du Räudiger, daß du rechts und ich links fahren soll?«

»Rindvieh, dazu gibt es doch zwei Fahrbahnen. Ich her und du hin.«

»Bist selbst ein Pferd! Wo steht es denn geschrieben, daß du her und ich hin? Hole sie der Teufel mit allen ihren Fahrbahnen, mit ihren Waggons, mit ihren ganzen Straßenbahnen! Gib mir lieber Tabak für eine Zigarette, Chasril-Herzchen, wenn du welchen hast. Mögen sie alle zusammen mit der Straßenbahn in der gleichen Flamme brennen! Was macht übrigens deine Alte? Ist sie ein wenig stiller geworden?«

»Lange müßte man sie prügeln! Still ist sie nur, wenn sie schläft. Und was hört man bei dir?«

»Was soll man schon hören? Was bleibt mir übrig? Ich fürchte, ich werde sie wie ein Opferhuhn abschlachten.«

»Weißt du denn nicht, was man tut, du Rindvieh? Mach lieber mit ihnen eine harte Hand, halte sie wie ich an der Leine, dann werden sie Hafer geben.«

»Soll ihnen Gott jede Menge Krankheit und Fieber bescheren! Was tut der Faulpelz deiner? Trottet er bei dir schon im Trab oder noch immer nicht?«

»Soll er in Gottes Erde fahren, er fürchtet die Peitsche und schleppt sich dahin. Hast du Feuer? Gib mir Feuer.«

Und so lassen sich beide Kutscher in ein brüderliches Gespräch in ihrem Fuhrwerkerjargon ein wie die besten Freunde. Auch die beiden Schaffner unterhalten sich freundlich miteinander. Da erscheint plötzlich Welvel der Kontrolleur in etwas angeheiterter Stimmung, weil er gerade von der Beschneidungsfeier beim Kassierer kommt, und er macht Krach:

»Der Teufel packe Euch vorne und hinten! Ihr habt schon wieder die Zügel vertauscht und verwickelt. Euer Glück, daß ich heute gut aufgelegt bin, dank der Beschneidungsfeier, die unser Kassierer Moti geboten hat. Höret Kinder, hat der eine Feier geboten. Der Teufel soll seinen Vater holen! Nicht umsonst sitzt er an der Kasse. Ich würde es auch gern so gut haben. Viel besser als ein Kontrolleur zu sein und wie ein Hund den Waggons nachzujagen. Juden! Was ist hier bei Euch passiert? Wieder eine Katastrophe? Wieder ein Zusammenstoß? Wo habt Ihr Eure Augen? Und die Fahrgäste, hole sie der Wattenmacher! Ein Glück, daß die Waggons nicht beschädigt sind! Schnell, Kinder, fahrt jetzt mal auseinander! Ihr, Reb Chasril, seid so gut, spannt das Pferd mit der

Deichsel um und fahrt zum Bahnhof zurück, und Reb Ezriel wird Euch folgen.«

»Warum ist das Los gerade auf mich gefallen?« sagt Chasril. »Soll Ezriel sein Pferd umspannen, soll er zur Stadt fahren und ich werde ihm folgen.«

»Reb Ezriel«, ruft der Kontrolleur, »seid so gut, spannt das Pferd um und fahrt zur Stadt zurück.«

»Kommt gar nicht in Frage«, sagt Ezriel, »von mir aus soll Chasril das Pferd umspannen und zum Bahnhof zurückfahren, er ist nicht zu krank dazu.«

»Selbst wenn ich wüßte, daß mich hier ein mieses Ende erreicht, rühre ich mich nicht vom Ort.«

»So ein Jahr, so ein Glück auf Euch beide!« mischt sich die Jüdin mit dem Korb Äpfel ein und kriecht aus der Trambahn heraus. »Ein schönes Fahren! Fünfer wollen sie sich dafür bezahlen lassen! Wäre ich zu Fuß gegangen, wäre ich schon sechsmal in der Stadt, wäre ich. Eine Straßenbahn haben sie sich in Kasrilewke ausgedacht, pfui mit ihnen!«

Es sieht so aus, denke ich, daß man die Beine unter die Arme nehmen und zu Fuß zur Stadt gehen muß. Ich nehme mein Köfferchen in die Hand und mache mich, mit Verlaub, zu Fuß auf den Weg. Da kommt von hinten eine Bande Droschkenkutscher angejagt mit Pfiffen und Gelächter.

»Aha, der Rabbi war sich zu fein und wollte keine Bohnennudeln essen? Ihr wolltet nicht mit einem einfachen Kutscher fahren? Es hat Euch nach der Straßenbahn gelüstet? Euer Glück, daß Ihr noch heil herausgekommen seid, daß man aus Euch keinen Gerstenbrei gemacht hat! Na, kriecht schon mit Eurem Köfferchen in den Kutschenbauch hinein, Gevatter. Kriecht in welchen Bauch Ihr nur wollt, wir halten zusammen. Was auch immer

Gott gibt, die Hauptsache, wir sind eine Mannschaft! Hü, Kinder, hü, hü!«

Ich krieche mit meinem Köfferchen in eine Droschke hinein und halte mit großer Parade in Kasrilewke Einzug.

Kasrilewker Hotels

»Wenn Ihr wollt, daß es billig ist und gut schmecken soll, werde ich Euch zu der rechten Herberge bringen«, so sagt mir mein Droschkenkutscher und führt mich zu einem zweistöckigen Gebäude mit abgeblätterten Wänden, und ich lese eine Aufschrift in großen Lettern *Hotel Türkalia.* Mein Kutscher klopft mit dem Peitschenstock an die Tür und schreit mit lauter Stimme:

»Nojach, wo zu allen Teufeln steckst du? Öffne! Ich habe dir einen Hecht gebracht...«

Auf dieses Geschrei öffnet sich die Tür, und es erscheint ein Jüdlein, offenbar der Portier, den man Nojach nennt. Er ergreift mein Köfferchen, und ohne mich zu fragen, trägt er es die Treppe hinauf zum obersten Stockwerk und fragt mich dann:

»Was für ein Zimmer, zum Beispiel, wollt Ihr? Mit Gesang oder ohne Gesang?«

»Was für ein Gesang?«, sage ich.

»Von den Schauspielern. Bei uns logieren die Schauspieler vom jüdischen *Therejater,* und gegenüber logiert bei uns ein Kantor aus Litauen mit zwölf Chorknaben. Er kam hierher für Schabbes. Man sagt, er sei kein schlechter Kantor, sogar ein Prachtstück von einem Kantor, sagt man.«

»Es ist schon möglich«, sage ich, »daß er ein Prachtstück von einem Kantor ist, aber ich verzichte. Gebt mir ein Zimmer ohne Gesang.«

»Wie Ihr wünscht«, sagt Nojach der Portier. »Ich kann Euch ein anderes Zimmer geben. Die Wahl liegt bei Euch. Aber falls es Euch dort nicht ganz *so-so* erscheint, sollt Ihr mich nicht beschuldigen.«

»Was heißt«, sage ich, »nicht *so-so?*«

»Zum Beispiel«, sagt er, »vielleicht werdet Ihr gebissen werden.«

»Wer«, sage ich, »wird mich beißen?«

»Wer Euch beißen wird?« sagt er. »Ich werde Euch nicht beißen. Es werden sich aber andere finden, die Euch beißen werden. Man hat zwar vor kurzem, das heißt, vor Ostern gesäubert, aber es hilft nicht, sogar nicht mit Petroleum.«

»Wenn so«, sage ich, »soll schon sein mit Gesang.«

Nojach führt mich in ein dunkles Zimmer, in dem man einen merkwürdigen Geruch von frischem Fell verspürt, gemischt mit dem Geruch von faulen Gurken und *Machorka*tabak. Ehe ich mich umblicke, um festzustellen, wo in aller Welt ich mich befinde, ergreift Nojach irgendein Ding und schlägt damit auf etwas ein, wie man ein weiches Kissen schlägt, wenn man für jemanden ein gutes Lager bereiten will, auf daß er Freude darin finde. Während Nojach so losschlägt, spricht er zu sich selbst und verflucht jemand mit fürchterlichen Verwünschungen.

»Du Trottel, du! Du Meereskater! Du Ochsenhorn! Ich haue dir gleich eine auf dein *Tscholent*bärtchen und zerfetz dir dein Zahnfleisch! Die ganze Welt kommt jetzt von der Bahn hierher, er aber ist mit den Stiefeln ins Bett hinein, hat sich dort langgestreckt, als wäre er in seines

Vaters Weingarten und lungert dort herum! Ein schöner Hausdiener! Bist du vielleicht zu krank dazu gewesen, die Fensterläden zu öffnen, den Samowar aufzustellen, die Stiefel der Schauspieler zu putzen oder beim Kantor und den Chorknaben sauber zu machen? Moische-Mordechai, du Nichtswisser mit dem Kopf im Dreck!«

Erst jetzt erblicke ich einen großen Kerl, die Stiefel auf Hochglanz gewichst, und jetzt weiß ich auch gleich, woher der Geruch kommt. Die Ohrfeigen, die der Hausdiener vom Portier abkriegt, steckt er ganz gelassen ein, wischt sich die Lippen ab, als gelte das alles nicht ihm, öffnet die Fensterläden, tut einen Blick auf mich und ... bricht in ein Gelächter aus.

»Seht nur, seht«, sagt zu mir der Portier, »vielleicht wißt Ihr, was es mit dem Gelächter auf sich hat? Die Ohrfeige auf nüchternen Magen scheinen ihm zu behagen. Moische-Mordechai, du Nichtswisser mit dem Kopf im Dreck! Du widerlicher Bocher! Du Kartoffelfresser! Du Nudelschlinger! Du Beugelklauer!«

Und Nojach der Portier verabreicht ihm weitere Schläge auf seinen Hals und Nacken und wirft ihn zur Tür hinaus.

»Ein ganz anständiger Bocher«, sagt zu mir der Portier, »bloß etwas faul. Er hat einen festen Schlaf. Ohne Ohrfeigen werdet Ihr ihn auf keinen Fall aufwecken. Er arbeitet nebbich wie ein Esel. Was er verdient, gibt er seiner Schwester. Mit Mühe konnte ich ihn überreden, sich ein paar Stiefel zu kaufen. Was wollt Ihr Euch zum Tee bringen lassen? Frisches Gebäck, Eierbeugel, Mohnplätzchen oder gar Kasrilewker Brötchen?«

Und Nojach der Portier macht kehrt und verschwindet.

»Onkelchen, seid Ihr schon nach dem Beten?« fragt mich jemand und steckt seinen Kopf durch die Türspalte.

»Was geht das Euch an?«, frage ich ihn.

»Ich habe eine Bitte an Euch«, sagt er.

»Wer seid Ihr?« frage ich ihn.

»Ein Jude«, erwidert er. »Ein Fremder, kein Hiesiger. Ich wollte Euch um Euren Gebetsmantel und Gebetsriemen für den Gottesdienst bitten. Meine wurden mir gestern hier im Hotel gestohlen.«

Die Türe öffnet sich wieder, und es erscheint noch ein Kopf ohne Hut und spricht zu mir in mehreren Sprachen gleichzeitig.

»*Raznich Towarow*, verschiedene Waren, Herr, *renkowiczki zimni*, Winterhandschuhe, beste Ware, billig! Zu halben Preisen, *jak Boga kocham*, so wahr ich Gott liebe! Kauft Socken, wenigstens ein halbes Dutzend! Möge Euch Gott Gesundheit geben. Nicht daß ich wüßte, wer Ihr seid. Es kommt manchmal vor, man trifft einen feinen Herrn an und spricht mit ihm eine Stunde lang in unserem Jiddisch, daß man dann von ihm Schimpfe kriegt. Habe ich halt beschlossen, es mit Polnisch, Russisch und Deutsch zu versuchen. Ich spreche, Gott sei Dank, mehrere Sprachen ... Ein paar gute warme Handschuhe, wollt Ihr nicht? Ich war einmal, wie Ihr mich hier seht, ein großer Kaufmann, bin zu den größten Jahrmärkten gefahren: nach Jarmolinetz, nach Proskurow, nach Poltawa ... Sonst, heißt das, wollt Ihr gar nichts? Ein Stückchen Seife? Ein gutes Kämmchen, etwas Besonderes? Nein? Ich danke Euch für diesen Ertrag. Meine Kinder werden selig sein ... Vielleicht kauft Ihr doch noch ein feines Bürstchen? Oder einen schönen Schlips? Oder noch ein halbes Dutzend Socken? Ich würde es Euch billiger lassen. Nein? Wollt Ihr nicht? Dann bleibt mir gesund!«

Der Jude nimmt seinen Hut und entfernt sich. Es tritt

ein anderer Jude ins Zimmer. Dieser schon mit Hut auf dem Kopf.

»Kauft bei mir Socken, Onkelchen, gute Socken, billig.«

»Ich brauche keine Socken«, sage ich, »danke!«

»Was heißt«, sagt er, »Ihr braucht keine Socken? Ihr habt doch soeben ein halbes Dutzend Socken bei jenem Juden gekauft. Ich bin auch ein Jude, ein armer Mann, belastet mit Kindern, zwei Knaben in der Fachschule, einer ist Lehrling bei einem Handwerker, und die kleineren sind noch im *Cheder*. Nein? Ich danke Euch, Gott möge Euch beglücken!«

Nach diesem Juden erscheint ein anderer, ein hoher, hagerer, mit einem erschrockenen Ausdruck im Gesicht.

»Wenn Ihr Euch mit einer guten Tat das Fasten am *Tische-B'ow* ersparen wollt, nehmt mir einen Restposten zum Einkaufspreis ab. Ich habe nur noch einige Dutzend Socken übrig.«

»Ich brauche keine Socken!« sage ich. »Ich habe schon genug Socken!«

»Ich gebe sie Euch unter dem Einkaufspreis ab«, sagt er, »tu ich denn mit Euch feilschen? Wieviel Ihr geben wollt, möge Gott Euch Gesundheit und lange Jahre geben! Ich habe einen Sohn im Gymnasium, er soll in diesem Jahr abschließen, er will Doktor werden. ›Du wirst dir, Tate, das Schuften ersparen‹, sagt er. ›In Zukunft werde ich schuften, und du wirst‹, sagt er, ›dann schon ein wenig ausruhen‹, so sagt er zu mir, mein Sohn. Doch derweil muß man ihm nachhelfen mit einem Dreier, obzwar er schon unberufen selbst ungefähr zehn Rubel im Monat verdient. Bleibt gesund und in allem erfolgreich!«

Nach diesem Juden tritt eine Jüdin ein, die in einen

türkischen Schal gewickelt ist. Sie spricht mit singender Stimme:

»Seid Ihr der Gast aus Jehupetz?«

»Ja, was hat es damit?«

»Ich hab sagen gehört, daß Ihr nach Kasrilewke gekommen seid, um Socken einzukaufen; so habe ich Euch einige Dutzend Socken als Muster gebracht. Ich habe eine Sockenfabrik, und schon seit Jahren erzeuge ich Socken.«

»Wer hat Euch gesagt«, sage ich, »daß ich Socken kaufe? Ich bin nicht um Socken gekommen, ich brauche keine Socken!«

Doch die Jüdin hört nicht zu, was ich ihr sage, und bleibt hartnäckig. Sie mahlt wie eine Mühle weiter.

»Meine Socken haben einen Ruf über ganz Kasrilewke! Seht Euch zum Beispiel diese Socke an! Was sagt Ihr zu dieser Socke?«

»Um Gottes Willen«, schreie ich, »ich kaufe keine Socken! Ich brauche keine Socken!«

»Da liegen doch«, sagt sie, »bei Euch Socken!«

»Diese Socken habe ich zum Verkaufen mitgebracht«, sage ich, geleite die Jüdin hinaus und verschließe die Tür, damit keiner mehr hereinkommt, mir Socken anzubieten.

»Wer klopft da?«

»Das bin ich«, höre ich von jenseits der Tür antworten.

»Wer ist *ich?*« frage ich und fürchte mich, die Tür zu öffnen, vielleicht bringt man mir Socken. »Wer klopft da?«

»David«, antwortet man mir.

»Was für ein David?«

»David Span.«

»Was für ein Span?«

»David Span, der Kommissionär.«

»Was wollt Ihr?«, frage ich ihn. »Wieder Socken?«

»Ihr braucht«, sagt er, »Socken? Ich mache sofort eine Runde durch die Läden und bringe Euch Socken.«

»Nein! Nein!« schreie ich. »Ich brauche keine Socken!«

Ich öffne die Tür, und es erscheint Nojach der Portier, beladen mit Semmeln und Beugeln, mit Plätzchen und Eierkuchen, mit Keksen und länglichen Brötchen.

»Für wen bringt Ihr so viel Proviant?« frage ich ihn.

»Macht Euch keine Sorgen«, sagt Nojach, »wir werden das, Gott behüte, nicht den Hunden zum Fraß vorwerfen. Es gibt bei uns unberufen genug Esser. Ich selbst habe sechs eigene Mäuler, außer zwei fremden Waisen nebbich. Sagt mir lieber, was für ein merkwürdiger Kauz Ihr seid: Wenn Ihr Socken braucht, könnt Ihr es nicht mir sagen und nicht Davidl Span, daß er Euch Socken verschaffe?«

»Wer hat ihn darum gebeten«, sage ich, »mir Socken zu verschaffen?«

»Ich weiß nicht«, sagt Nojach, »wer es ihm aufgetragen hat. Ich habe ihn gewiß nicht damit beauftragt. Davidl der Ganove, wird euch Socken bringen, da wird es was zu sehen geben! Kasrilewker Socken!«

Bei diesen Worten öffnet sich die Tür, und es erscheint ein feistes Jüdlein mit roten Backen, mit einem verschwitzten Gesicht und einer Pfeife im Mund. Ich mache keine langen Umstände, nehme ihn bei der Hand und weise ihm die Tür.

»Geht in guter Gesundheit mit Eueren Socken dorthin, wo die guten Jahre sind! Ich brauche keine Socken!«

»Gott sei mit Euch!« ruft mir Nojach der Portier zu. »Warum jagt Ihr ihn fort? Das ist doch unser Hotelbesitzer.«

»Ach so? Nehmt es mir nicht übel . . .«, sage ich, reiche ihm die Hand und biete ihm einen Stuhl an.

»Ich habe gedacht, Ihr seid der Jude, der fortgeeilt ist, mir Socken zu bringen. Ein wahres Unglück! Man hat mich überworfen mit Socken. Eine Sintflut von Socken! Setzt Euch bitte.«

»Danke, ich kann stehen«, sagt zu mir der Hotelwirt und pafft aus seiner Pfeife.

»Woher kommt Ihr? Aus Jehupetz? Ich habe dort einen Bekannten in Jehupetz. Eigentlich wohnt er nicht mehr in Jehupetz, er ist von dort seit langem übersiedelt. Ich befürchte, wenn nicht vor ungefähr achtzehn, vielleicht sogar vor neunzehn Jahren. Nach Odessa, sagt man, ist er übersiedelt; er hat dort Verwandte, in Odessa. Sie haben dort cin Weizenkontor, besser gesagt, zwei Weizenkontore, eines in Odessa und das andere in Nikolajew. Das Odessaer Geschäft geht nicht schlecht, aber das Nikolajewer Geschäft geht nicht so gut, weil Nikolajew jetzt tot ist, ganz tot, wegen Feodosia, sagt man, wegen des Hafens, den man in Feodosia gebaut hat. Feodosia ist heute eine ganz ansehnliche Stadt. Ich habe auch in Feodosia Bekannte. Eine feine Stadt ist Feodosia!«

Ich sehe, das ist eine Geschichte ohne Ende, und falle ihm ins Wort:

»Was hatte ich nur im Sinne, Euch zu fragen? Ach richtig, warum habt Ihr Eurer Herberge den Namen *Hotel Türkalia* gegeben?«

»Ich kannte Feodosia, als es noch ein kleines Schtedtl war«, fährt er fort, »ich selbst, versteht Ihr mich, bin ein Dortiger, ein Bessarabier bin ich, aus einem Schtedtl in Bessarabien, Dubosare. Wart Ihr schon einmal in Beltz? Eine feine Stadt, dieses Beltz. Aber wie kommt es zu Kischenew?«

»Guten Morgen ohne Sorgen«, mischt sich von weitem Nojach der Portier ins Gespräch ein. »Ihr müßt schon mit dem Hausherrn ein wenig lauter reden. Sein Gehör ist etwas defekt, er hört fast nichts.«

Ich rücke ganz nahe an den Hotelwirt heran und schreie ihm laut ins Ohr:

»Ich frage, warum Euer Hotel solch einen komischen Namen trägt?«

»Warum schreit Ihr so?« sagt er zu mir. »Ich bin nicht taub. Ein komischer Name, sagt Ihr? Womit ist er so komisch? *Italia* ist gut? *Portugalje* ist gut? Und *Türkalia* taugt nicht? Jene Namen hat man mir vorweggenommen, habe ich eben das Hotel nach dem Türken benannt. Ja, wo war ich? Kischenew! Und die Leute dort? Bei uns in Bessarabien ißt man so ganz und gar anders. Wenn man sich bei uns in Bessarabien zu Tisch setzt, bringt man, höret Ihr, zuerst mal den schönen Fisch aus dem schönen Teich. Dann kommt *Kade,* das fette Stückchen *Kade!* Danach reicht man auf einem großen Teller die schöne, saubere *Mamaliga,* den Maisbrei, den man mit einem Faden der Breite nach durchschneidet. Nachher kommen die frischen, heißen Krapfen, dazu trinkt man den echten, reinen bessarabischen Wein und kaut dazu einen guten *Nahut,* eine Art Erbsen ...«

Dabei leckt er seine Finger und macht sogar mir Appetit zum Essen. Und während der Hotelwirt sich über die bessarabischen Leckerbissen ausläßt, hört man von der einen Seite den Gesang des litauischen Kantors, der mit seiner trällernden, schrillen Stimme und mit komischen Allüren sein *Jismachi w'Jismachi Malchosecho, Schomre Schabat w'Korej oneg* hinausschmettert. Der Chor teilt sich in zwei Hälften, die eine singt: »*Turaril! Turaril! Turaril! Turaril!*«

Und die andere begleitet mit: *»Pis-Pos! Pis-Pos! Pis-Pos!«*

Von der anderen Seite des Korridors hört man den Gesang der Schauspieler:

»Fü-üß-chen
Und Fü-üß-chen
Tanzende Fü-üß-chen
Mir so ein Jahr!«

Der Hausdiener, der hinter meiner Tür die Stiefel putzt, spuckt auf die Bürste und singt auch sein Liedchen dazu:

»Hab ich eine Schwiegermutter,
Hat sie einen Ei-ei-eidam
Schlägt er ihre Tochter
Zittert der Bo-bo-boden!«

Und noch ein Gesang läßt sich vernehmen. Es erklingt die Stimme einer Jüdin, die auf ihren Mann flucht. Es ist die Hotelwirtin, die den Hotelwirt durch alle Hotelzimmer sucht. Sie stößt dabei komische Flüche aus, welche sich mitunter reimen:

»Furunkel und Schmerzen
Und Fluch deinem Herzen
Und Feuer und Flammen
Mit Krankheit zusammen
In Sintflut ertrinken
In Jammer versinken!«

»Wollt Ihr mit dem Hotelwirt und der Hotelwirtin essen?« fragt mich Nojach der Portier, »oder wollt Ihr in ein Restaurant gehen?«

»In ein Restaurant!«, schreie ich, »in ein Restaurant...«

Kasrilewker Restaurants

Kosher!
Hier ißt man frisch und billig!
Sara Judik

Diese Aufschrift erblickend, klettere ich die schlüpfrigen Treppen zum zweiten Stock eines roten, kahlen Gebäudes hinauf. Die Gerüche schon auf der Treppe sind zwar der Nase nicht gerade angenehm, aber der hungrige Magen ist nicht wählerisch.

»Wo ist hier Sara Judik?« frage ich einen alten Juden mit einem gelben Gesicht, der auf dem Boden hockend eine alte Matratze flickt.

»Weit«, antwortet mir der Alte und schlägt auf die Matratze ein, so daß von ihr eine grünliche Staubwolke aufsteigt.

»Verreist?«, frage ich ihn.

»Verreist«, sagt zu mir der Alte und wackelt mit dem Kopf, »verreist für ewig!«

»Gestorben? Gepriesen sei der Wahre Richter!«, und ich schicke mich an, kehrtzumachen.

»Ja«, sagt er, »gestorben. Ostern waren es sechs Jahre her, daß sie gestorben ist. Glaubt mir, ich habe sie nicht eine Minute lang vergessen. Wie kann man denn so eine Person vergessen? Ihr Kochen, ihr Backen, ihre Beziehung zur Welt, ihr Reden mit Leuten und ihr Ertragen meiner Launen. Brauche ich Euch da mehr erzählen? Ihr habt sie doch wahrscheinlich gekannt?«

»Woher«, sage ich, »woher soll ich sie gekannt haben, wo ich doch jetzt zum ersten Mal in meinem Leben in Kasrilewke bin?«

»Hört nur!«, sagt er. »Warum fragt Ihr dann nach Sara?«

»Ich frage nicht nach Sara«, sage ich, »ich frage, ob hier das Restaurant *Sara Judik* ist, wie es hier an der Wand steht. Ich möchte hier etwas essen.«

»Etwas essen?« sagt er zu mir. »Warum schweigt Ihr dann? Ruchel! Ruchel!«

Es erscheint ein dunkellockiges Weibchen mit schwarzen, lebhaften Äuglein, mit aufgekrempelten Ärmeln und mit Mehl an den Händen, an der Schürze und auf dem Gesicht.

»Was ist schon wieder?«, ruft das schwarzlockige Weibchen und wischt ihr Gesicht mit den Ärmeln ab. »Man läßt mich nicht das Mehl durchsieben! Jede Minute nur *Ruchel! Ruchel!*«

»Der Herr möchte etwas essen«, sagt ihr der Alte und hört nicht auf, auf die Matratze zu klopfen.

»Etwas essen?«, fragt das Weibchen in einer eigenartig singenden Stimme, so wie man beim Lesen der Thora singt, und während sie ihre Schürze schüttelt, stäubt sie mir Mehl in die Augen. »Was wollt Ihr essen?«

»Was habt Ihr«, sage ich zu ihr im gleichen singenden Ton.

»Was wollt Ihr?«, fragt sie wieder in der gleichen Melodie.

»Was ich will? Hm, habt Ihr gefüllten Fisch?«

»Nach der Marktzeit Fisch?«, sagt sie, »eine schöne Geschichte!«

»Wenn nicht Fisch, dann vielleicht Borschtsch, eine Roterübensuppe?«, sage ich.

»Wo habt Ihr gesehen«, sagt sie, »Borschtsch am Nachmittag? Borschtsch muß man kochen, das wißt Ihr doch oder nicht?«

»Alles«, sage ich, »muß man kochen.«

»Gut, daß Ihr es wißt«, sagt sie, »sehr gut!«

»Nu«, sage ich, »habt Ihr auch kein ausgekochtes Rindfleisch?«

»Woher«, sagt sie, »soll ich ausgekochtes Rindfleisch nehmen? Es war welches da, aber man hat es aufgegessen.«

»Nu«, sage ich, »soll sein Brühe.«

»Womit«, fragt sie, »soll die Brühe sein? Mit Griesgraupen, mit Matzes oder mit Eierküchlein?«

»Womit Ihr wollt«, sage ich, »die Hauptsache, eine Brühe soll es sein!«

»Wann«, sagt sie, »wollt Ihr die Brühe haben?«

»Was heißt wann?«, sage ich, »sofort!«

»Was heißt *sofort?*«, sagt sie, »Ihr meint doch sicherlich eine Hühnerbrühe? Was für einen Geschmack hat eine Brühe ohne Huhn? Und ein Huhn muß man zuerst fangen, es zum Schochet bringen, dann rupfen, dann nach unserem Brauch salzen, mit Wasser übergießen, weichen lassen und zum Kochen hinstellen. Ich wär zufrieden, wenn die Brühe zum Abend fertig wird!«

»Dann gebt mir«, sage ich, »was immer es sei: ein Stückchen Fleisch, ein wenig Suppe, einige Rühreier oder etwas Gesalzenes, falls Ihr welches habt.«

»Ein merkwürdiger Jude!«, sagt sie zum Alten. »Nach allem gelüstet es ihm! Einen Hering, wenn Ihr wollt, kann ich Euch zubereiten.«

»Mag sein Hering«, sage ich, »die Hauptsache schnell.«

»Wie wollt Ihr den Hering?«, fragt sie. »Mit Zwiebeln?«

»Mit Zwiebeln.«

»Auch mit etwas Essig?«

»Mit etwas Essig.«

»Auch mit Öl?«

»Auch mit Öl.«

Sie schüttelt wieder ihre Schürze, krempelt die Ärmel auf, macht sich auf den Weg und kehrt wieder um.

»Wie wollt Ihr den Hering, Milchner oder Rogner?«

»Ich überlasse es dem Hering«, sage ich, »soll er nur schon hier sein.«

»Eßt Ihr geräucherte Fischchen?«

»Alle Ehren«, sage ich.

»Ich weiß aber nicht«, sagt sie, »ob sie schon eingetroffen sind. Mir scheint, sie sind noch nicht da. Vielleicht sind sie doch schon da. Nein, es ist noch zu früh. Nichtsdestoweniger werde ich nachsehen, ob sie schon da sind.«

Ruchel beginnt zu gehen und kehrt wieder um.

»Wärt Ihr ein Abnehmer für eine jüdische Kolbasse?«

»Ach«, sage ich, »natürlich, kauft nur welche, ich liebe Kolbasse.«

»Ihr meint wahrscheinlich Warschauer Kolbasse?«

»Aber ja«, sage ich, »gewöhnlich ist es die Warschauer.«

»So«, sagt sie. »Werdet Ihr Euch gefälligst nach Warschau bemühen müssen und dort Eure Kolbasse essen. Bei uns verkauft man Kasrilewker Kolbasse aus unserer eigenen Kasrilewker Fabrik, und man muß eiserne Zähne für sie haben! Sie mit einem Messer zu schneiden, ist unmöglich, außer man zerhackt sie mit einer Hacke. Weiß der schwarze Teufel, was sie dort alles hineinstopfen, daß sie so hart ist. Neulich hat man eine Kolbasse zerhackt und einen Nagel drin gefunden. Sieht so aus, daß sie Nägel hineinlegen, damit mehr Gewicht auf die Waage geht.«

»Vielleicht wäre es genug mit dem Gerede?«, wirft der Alte ein. »Serviere doch endlich, und solls ein Ende nehmen!«

»Was heißt da einfach *servieren?* Jeder hat seine eigenen Verrücktheiten! So willst du, zum Beispiel, den Fisch gebraten, und andere ziehen gebackenen Fisch vor. Oder gibt es bei uns Gäste, welche sich Hirn kochen lassen und es dann mit Zwiebeln und Schmalz eingehackt essen. Und wieder gibt es andere, die an einem gewöhnlichen Wochentag gerne Kalbssülze mit gerösteten Brotschnitten und Knoblauch essen. Und es gibt Fresser, die Euch ihre Seele hergeben würden für einen gefüllten Darm mit Nudeln. Andererseits gibt es solche, die man mit Gold überschütten müßte, daß sie Essigfleisch in den Mund nehmen!«

»Ich flehe Euch an«, sage ich, »bringt mir, was Ihr wollt, denn ich bin sehr hungrig!«

Ruchel entfernt sich, und der Alte bemerkt zu mir:

»Neun Tonnen Gerede!«

»Ist sie Eure Tochter?«, frage ich.

»Was mir *Tochter?*«, antwortet er mir. »Sie ist mein Weib, mein zweites Weib. Ach, ach, ach! Natürlich ist sie nicht wie jene. Jene, sie ruhe in Frieden, war eine Jüdin, wie man sie nicht wiederfindet. Das heißt, ich habe nichts gegen diese. Sie arbeitet nebbich sehr treu, die Arme. Seht Ihr dieses Stück von einer Matratze? Was Ihr hier seht, ist unser gesamtes Bettzeug. Und zu alldem bin ich ein Kranker und ein Kapriziöser! Man muß aus Eisen sein, meine Schrullen auszustehen. Das heißt, von Natur aus bin ich eigentlich ein guter Mensch, doch wenn mich jemand mit einem Wort verletzt, ist ihm sein Leben nicht mehr sicher. Was mir gerade in die Hand kommt, fliegt dann an seinen Kopf. So empfindlich bin ich! Ihr glaubt, daß ich es ihr nicht schon früher gesagt habe, noch bevor ich sie geheiratet habe? Ich habe ihr gesagt, daß sie bei mir keinen Honig lecken wird! Sie wird sich mit einem Stück Brot im Haus begnügen müssen, von Fleisch und Milch redet man nicht einmal. Und arbeiten, sagte ich ihr, wird sie für drei.«

»Warum hat sie Euch dann genommen?« frage ich.

»Was heißt *warum?*«, erwidert er verwundert. »Und das Haus ist vielleicht ein Hund?«

»Was für ein Haus?« sage ich, »gehört dieses Gebäude Euch?«

»Nein«, antwortet er mir kichernd, »ich meine das Restaurant, das ich besitze. Es ist ein gut eingeführtes Geschäft, seit vielen Jahren schon. Wenn auch die Verdienste heutzutage nicht gerade gut sind, ist es doch ein Haus! Wenn Ihr so mein Ruchele betrachtet, wenn sie sich fein kleidet und spazierengeht, würdet Ihr glauben, sie sei eine Gräfin. Sie ist doch unberufen sehr hübsch. Jetzt ist sie schon ein wenig abgenutzt, Ihr solltet sie aber vor einigen Jahren gesehen haben ...«

»Wie viele Kinder habt Ihr?« frage ich ihn.

»Tetete!« sagt er zu mir, »*Kinder!* Das ist eben das Problem, daß ich mit ihr keine Kinder habe. Wollt Ihr ein bißchen Schnaps trinken? Ich gebe Euch ein bißchen *Maschke.*«

»Ach«, sage ich, »mit größtem Vergnügen.«

»Ich gebe es Euch in einem dunklen Becher«, sagt der Alte zu mir, zieht aus der Brusttasche ein Fläschchen mit einem kleinen Becher hervor und gießt mir ein bißchen *Maschke* ein. Das bißchen *Maschke* macht mir noch mehr Appetit, und ich fühle, daß ich vor Hunger vergehe. Da kommt endlich Ruchel mit dem Hering. Plötzlich schlägt sie die Hände zusammen:

»Oj, daß mich der Donner treffe! Ich habe ganz vergessen, daß es im Hause weder Brot noch Semmeln gibt. Was für ein Gebäck wünscht Ihr?«

»Was auch immer, aber Gebäck solls sein!«

»Ein kapriziöser Gast«, sagt Ruchel, »er verdreht mir noch mehr den Kopf als mein Mann. Mein Mann möchte am liebsten jeden Tag backofenheißes Gebäck haben, altgebackenes Brot nimmt er nicht in den Mund. Kann es denn jeden Tag frisches Gebäck geben? So etwas kann sich höchstens Graf Kobilanski leisten.«

»Nu, geh doch schon«, sagt zu ihr der Alte, »du siehst doch, daß der Herr vor Hunger fast ohnmachten will.«

Ruchel geht um Gebäck. Es erscheint eine hochgewachsene Jüdin mit nur einem Auge. Die eine Hand hält sie im Busen, und mit der anderen Hand kratzt sie sich im Ohr.

»Was tut man, Reb Moische-Jankel, gebt mir einen Rat«, sagt die hochgewachsene Jüdin zum Alten. »Bei meinem Schmulek hat wieder sein Ohr zu gären angefangen.«

Ruchel kommt mit dem Gebäck zurück und bereitet den Hering zu. Doch die Jüdin hört nicht auf zu beschreiben, wie es bei ihrem Schmulek aus dem Ohr fließt. Sie fürchte, daß sie wieder zum Arzt gehen muß, und weiß nicht, zu welchem Arzt sie gehen soll, denn zu welchem Arzt sie auch gehen sollte, weiß sie schon im voraus, daß es herausgeworfenes Geld sei, denn die Kasrilewker Ärzte, der Teufel hole sie, sind bekanntlich Blutsauger.

»Wenn Ihr einem Kasrilewker Doktor, Gott behüte, weniger als einen Gulden gebt, wirft ers Euch ins Gesicht. Wenig für ihn! Er soll auch mal krank sein, der Professor!«

»Gebt ein Almosen einem Kranken«, sagt ein Jude mit

einem blauen Gesicht und streckt seine magere Hand aus, die zum Betteln wie geschaffen ist.

»Gebt ein Almosen einem wüsten Krüppel!«, ruft irgendein anderes Wesen auf seinen Händen gehend, während es seine Beine zusammengeflochten unter sich liegen hat. »Gebt ein Almosen einem hinfallenden Kranken!«

Mitten im Essen schiebe ich alles zurück, bezahle meine Rechnung und flüchte aus dem *Restaurant* dorthin, wo der schwarze Pfeffer wächst.

Kasrilewker Wein und Kasrilewker Säufer

Nach einem solchen Mittagessen wäre es gut, ein Gläschen Wein zu trinken..., so dachte ich, als ich die folgende Aufschrift erblickte:

Hier verkauft man
Wein, Metgetränke und Bier.
Preiswert zu bekommen.

Ich steige in einen dunklen Keller hinunter, und zwischen Fässern, Fäßchen, Zubern und Flaschen entdekke ich einen nettaussehenden Bocher mit einem verbundenen geschwollenen Gesicht, der über einen Bottich gebückt mit einem Hackmesser Rosinen hackt.

»Wo ist der Wirt?« frage ich den Bocher.

»Der Wirt?« antwortet er mir, während er eine Handvoll Rosinen in seinen Mund wirft und sie laut und appetitlich zerkaut. »Der Wirt ist in der Kammer, er macht *Wimorosig.*«

»Was heißt«, sag ich, *»er macht Wimorosig?«*

»Ihr wollt wissen«, sagt der Bocher, »wie man bei uns in Kasrilewke *Wimorosig* macht? Man nimmt Rosinen, zerhackt sie und wirft sie in ein großes Faß. Dann schüttelt man es mit Wasser aus dem Gnilopadka-Teich durch und mischt etwas Hopfen dazu. Das Ganze fängt darauf zu *spielen* an, und wenn es sich so richtig *zerspielt*, entsteht ein Gestank, an dem man beinahe erstickt. Dann nimmt man einige Eimer Spiritus, und man wirft irgendein Pulver hinein, das zwei Gulden das Pud kostet. Dann seiht man den Wein durch ein Bauernhemd und schreibt mit Kreide aufs Faß: *Wimorosig & Ackerman.* Wenn Ihr wollt, daß der Wein rot ist, nehmt denselben *Wimorosig,* färbt ihn mit der sogenannten *Goleschtinte* und schreibt mit Kreide auf das Faß: *Zmirer Feodosia* oder *Ungarischer Malaga.* Die Kasrilewker Weinkenner jagen dieses Gesöff durch die Gurgel und lecken sich dabei die Finger. Doch, pst, da geht der Wirt, möge Dampf aus ihm gehen!«

Beim Anblick des herannahenden Wirts beginnt der Bocher wieder mit allen Kräften die Rosinen zu zerhacken.

»Was wollt Ihr?« fragt mich der Wirt, ein rothaariger Jude, nicht sehr hoch von Gestalt, mit einer heiseren Stimme und mit einem weit geöffneten Auge, wobei man das Gefühl hat, daß er dieses Auge selbst im Schlaf offen hält.

»Ein Gläschen Wein«, sage ich.

»Ein Gläschen Wein im Detail?« fragt er mich, wobei er im Ohr bohrt und zur Decke blickt.

»Ein Gläschen Wein im Detail«, sage ich.

»Wozu«, sagt er, »habt Ihr Euch in den Keller hinunterbegeben? Warum seid Ihr nicht nach oben gegangen?

Kriecht wieder hinauf und bequemt Euch, seid so gut, nach rechts.«

Ich krieche hinauf, gehe nach rechts und betrete eine finstere Stube voll Rauch und Straßenkot. Es stehen einige schwindsüchtige, wacklige Stühle herum, und es sitzen Juden drauf, rauchen Zigaretten und trinken *Wimorosig*. Sie singen nicht, sie schreien nicht, sie schlagen nicht mit den Händen auf den Tisch und zeigen keinerlei miese Kunststücke. Was also machen sie dort? Sie sitzen, saufen den *Wimorosig* aus Gläsern, rauchen Zigaretten, seufzen, krächzen und reden leise miteinander. Zwei Juden sitzen an einem Tischchen, die Köpfe nach unten. Man sieht, daß ihnen der Gesprächsstoff ausgegangen ist. Einer von ihnen erwacht: »Was sagst du, Schimon-Dawid, zu diesem *Wimorosig?«*

»Was soll ich sagen?« erwidert der andere wie aus dem Schlaf erwachend. »Es ist ein *Wimorosig* von Gott allein! Es ist ein einmaliger *Wimorosig!*«

»Man müßte den Wirt fragen, ob er einen gleichen *Wimorosig*, so Gott will, zum Osterfest haben wird?«

»Du sorgst dich schon um das Osterfest? Sonst bist du ja wohl, so sieht es aus, ein rundherum mit allem versorgter Mensch, und es fehlt dir nur noch der *Wimorosig* zum Osterfest, ha?«

»Was sonst, bitte, wo es mir doch so *ach und weh* ist?«

»Es sollte dir *ach und weh* sein, daß du ganze Tage hier herumsitzen und dich vor deinem eigenen Weib verstekken mußt, damit sie von dir nicht Geld für Schabbes verlangt.«

»Erinnere mich nur nicht an mein Weib! Jage mir lieber eine Pistolenkugel ins Herz! Was kann ich ihr schon geben? Sorgen kann ich ihr geben, *ach und weh* ist mir!«

»Glaubst du, daß es mir besser geht? *Ach und weh* ist auch mir!«

»Ich weiß, daß es dir auch nicht besser geht, daß uns beiden *ach und weh* ist. *Le Chaijm*, auf unsere Gesundheit!«

Zwei andere Juden sitzen an einem Tischchen, der eine in einem ganzen Kaftan und der andere in einem zerrissenen. Der mit dem ganzen Kaftan redet, und der mit dem zerrissenen Kaftan schaut ihm in die Augen und wackelt zu allem zustimmend mit dem Kopf.

»Verstehst du jetzt endlich, wie Levi-Jizchak ein Geschäft dreht? Levi-Jizchak kann sich in ein Geschäft hineindrehen, dabei sich und die anderen verdrehen und sich selbst dann letzten Endes doch herausdrehen. Während ich, wenn ich an ein Geschäft herantrete, beschnuppere ich es erst mal in aller Ruhe, langsam, ohne Hast, und wenn ich rieche, um was es geht, krame ich hintenrum dieses, jenes, Nudel, Boden, Zwiebel, und wenn es einen kleinen Haken hat, was stört es Euch? Wie sagt man? In jedem Fall, gut ist auch nur *eine* frohe Stunde! Aber wenn der andere wegschaut, und ich merke, daß es schlimm ist, daß die Sache stinkt, trete ich zur Seite und... still! Laß es sich ohne mich abwickeln. Wenn es einem beschert ist, wird es nicht verloren gehen, und wenn man herumkramen muß, wird man herumkramen. Es gibt ein Petersburg, gibt es. Wir wissen schon, wo sich eine Türe öffnet, wir verstehen diese Dinge, wir kennen die Redensarten, die man braucht, und falls man schreiben muß, finden wir schon den, der schreibt. Die Hauptsache, es soll alles still bleiben. Schsch!«

Er beißt sich in die Hand und verstummt.

Eine andere Gruppe Juden in verschiedenen Kaftanen und mit allerlei Mützen sitzen an einem Tisch und reden alle gleichzeitig, so daß ihre Worte durcheinander schwirren, und es entsteht ein Gemisch aus Handel, Politik, *Wimorosig*, von den früheren Jahren, von heutigen Kindern, Ärzten, Straßenbahn, Steuern und von *der Teufel hole die Väter der Reichen*. Es ist schwer, zu Papier zu bringen, worüber dort alles geredet wird.

Etwas abseits stehen wildfremde Juden, die keinen *Wimorosig* trinken, die einfach so hereingekommen sind, um zu hören, was da besprochen wird, und um sich dabei aufzuwärmen.

Eine andere Gruppe Juden sitzt um einen Tisch herum. Sie trinken *Wimorosig* und singen ein Liedchen, diesmal aber *gojisch*, doch leise, ohne Gebrüll, in einem äußerst weinerlichen Ton wie bei Bußgebeten oder Psalmen.

»Abraham! Abraham! Väterchen du unser! Warum bittest du nicht, Abrahamchen, unseren Gott, daß er uns entweder auslöst oder freibittet und zu unserem Lande, zu unserer Erde führt?«

Wenn es bei *auslösen* hält, singen sie es stürmisch und kräftig, doch wenn es *freibitten* heißt, werden sie auf einmal sanft, beugen ihre Häupter und machen Handbewegungen wie, verzeiht den Vergleich, ein frommer Kantor an *hohen Feiertagen* auf der Vorbeterkanzel. Und bei den Worten *unser Land, unsere Erde* brechen sie wie kleine Kinder in Tränen aus.

»Ei, ei, ei, ei«, ruft einer aus der Gruppe, ein Jude, dem die Mütze schon ganz verrutscht sitzt, mit schläfrigen Augen und mit einer Zunge, die sich schon schwer zwischen den Zähnen bewegt. »Was wäre eigentlich, wenn man uns, zum Beispiel heißt es, das Land Israel zurückgeben würde? Was sagst du, Jaenkel? Du bist doch ein Musiker!«

»Das Land Israel«, sagt Jaenkel, streckt seinen Hals

und kratzt sich unter dem Kragen. »Das Land Israel? Eh, das wäre gewiß nicht schlecht... Irgend etwas tun sie doch, sagt man, in dieser Sache, wie heißen sie nur? Die... die...«

»Die Zionisten?« mischt sich ein anderer ein. »Alles Mist! Daraus wird nichts!«

»Warum denn? Es muß doch alles einen Sinn haben.«

»So? Wahrscheinlich weiß ich, was ich sage. Ich mag nicht einfach so daherreden. Du weißt doch, wenn ich sage, ist gesagt!«

»Ihr seid alle Rindviecher!« ruft ein krabbenähnlicher Jude in einem lüsterglänzenden Kaftan. Er spricht langsam, zählt seine Worte, setzt den Finger auf seine Nase, verzieht den Mund seitwärts, lächelt sich selbst heiter zu, wobei sich seine Wangen röten.

»Ihr seid alle Pferde, so wahr ich Jude bin! Ach, seid ihr Pferde! Ich höre schweigend zu, was ihr da redet: Zionisten, Schmionisten, Geplapper mit Lackritze! Ich sehe, daß keiner von euch weiß, wovon die Rede ist. Wenn ihrs wissen wollt, werde ich euch sagen, um was es da geht. Die Geschichte ist nämlich die... doch hört mir mit Kopf zu!«

Er tut sein Bärtchen in den Mund, schließt die Augen, denkt lange, lange nach, erwacht aus seinen Gedanken, knackt mit seinen Fingern und sagt zum Wirt:

»Reb... verzeiht!«

Und er läßt sich... eine Flasche *Wimorosig* bringen.

Kasrilewker Theater

Als ich aus dem Weinkeller herauskam, erblickte ich ein Plakat mit der folgenden Aufschrift in großen jiddischen Lettern:

ZUM ERSTEN MAL IN KASRILEWKE
DAS JIDDISCHE THEATER
DER WAHRE ADLER AUS AMERIKA
DER GRÖSSTE KOMIKER DER WELT
IHR WERDET SCHMELZEN VOR GELÄCHTER
SOLCH EINE »BABE-JACHNE« GAB ES NICHT
SEIT BESTEHEN DER WELT!
SOLCH EIN »HOTZMACH« WIE UNSERER
WAR NOCH NIE GEBOREN!
HEUTE WIRD EINE FUNKELNAGELNEUE OPER
AUFGEFÜHRT:
»KOLDUNIA DIE HEXE«!
JUDEN! VERSETZET ALLES, WAS IHR BESITZT!
JUDEN! KOMMT INS THEATER!
JUDEN! IHR WERDET EIN VERGNÜGEN HABEN!
JUDEN LAUFET!
BILLETS KAUFET!
SCHNELL, GESCHWIND!
WIE DER WIND!

Am Ende zeichnen: Der Direktor, der Dirigent und der Impresario alles *Adler in einer Person*, der wahre Adler aus Amerika, der größte Komiker der Welt.

»Wißt Ihr vielleicht, wo hier das jiddische Theater ist?« frage ich einen Juden, der mit einem Bündel Ware unter dem Arm vorbeieilt.

»Das jiddische was?« fragt der Jude mit dem Bündel, bleibt stehen und betrachtet mich von Kopf bis Fuß.

»Das jiddische Theater«, sage ich.

»Was für Theater?« fragt er.

»Das Theater«, sage ich, »in welchem gespielt wird.«

»Wer spielt dort?« fragt er.

»Adler«, sage ich, »spielt dort.«

»Was für Adler?« fragt er mich.

»Adler«, sage ich, »der wahre Adler.«

»Woher kommt er?« fragt er mich.

»Aus Amerika«, sage ich, »kommt er«.

»Aus Amerika?« sagt er zu mir. »Was macht er dann hier?«

»Er spielt«, sage ich, »im jiddischen Theater.«

»Was spielt er?« fragt er.

»Koldunia«, sage ich, »spielt er.«

»Was ist das *Goldunia?*« fragt er mich.

Ich will fortgehen, doch er läßt mich nicht los. Er will, daß ich ihm erzähle, was *Theriater* ist, was *Goldunia* bedeutet und wer dieser Adler ist, der aus Amerika kommt. Ich bemühe mich, ihm zu erklären, was ein Theater ist, was *Koldunia* bedeutet und wer Adler ist. Der Jude hört sich alles aufmerksam an, bückt sich, spuckt aus und entfernt sich ohne ein *Bleib gesund.*

»Chane-Bejle! Wohid eilst du so?« schreit ein Weib mit verstopfter Nase über die Straße hinweg.

»Ids Thejoter!« antwortet das andere Weibl, ebenfalls völlig verschnupft. »Und du, gehst du auch ids *Thejoter?*«

»Heraus soll ihr die Seele!« sagt das erste Weibl. »Was sagst du zu deider Kasrilewker doblen Dabe? Sie will, daß ich ihr heute das Gebüse zurechtbache, böge sich ihr eid Abszess setzen! Und Schbalz rösten, daß bad sie röstet. Herrgott lieber! Die gadze Welt geht ids Thejoter, udd ich buss adgebudden sein, daß ban sie schon ad allen viered bidde, lieber Gott!«

»Warub hörst du auf sie?« sagt das andere Weibl, »für deid Geld darfst du tud, was du willst!«

»Ich höre auf sie wie auf ded *Grager*, auf ded Klapper. Ich gehe ids *Thejoter*, selbst wedd sie sich wie eid Berg aufbläht!«

Beide Weiber entfernen sich, und ich habe jetzt jemanden, der mich ins Theater führt. Das Weibl dreht sich ab und zu um und sieht, daß ich ihr folge. Sie bleibt eine Weile stehen und geht dann nach rechts. Ich gehe auch nach rechts. Sie geht dann nach links, ich gehe auch nach links. Sie geht langsam, und ich folge ihr. Da fängt das Weibl zu laufen an, wie man vor einem Brand flüchtet.

»Was ist los?« fragt man sie. »Warum läufst du? Gott ist mit dir!«

»Ein Schlibasl«, sagt das Weibl und zeigt auf mich. »Er verfolgt bich seit eider Studde. Ich weiß dich, wer er ist...«

Im Nu bildet sich um uns ein Kreis Juden, Weiber und Kinder. Man weist mit Fingern auf mich. Es kommt gerade eine Droschke vorbei, ich springe hinein und lasse mich zum Theater fahren.

Als ich dort vorfuhr, stand am Eingang eine Horde junger Burschen und Mädchen, die miteinander redeten, lachten und witzelten.

»Laßt den gnädigen Herrn passieren«, ruft einer.

»Sachte, ihr könnt ihm, Gott behüte, seinen Hut knicken«, schreit ein anderer.

Mit Mühe konnte ich mich durch die Horde zur Kasse drängen. Beim kleinen Fensterchen frage ich, ob ich ein Billett haben kann, während mich von allen Seiten die Horde stößt und drückt.

»Was für ein Billett wollt Ihr?« fragt mich der Kassierer. »Es gibt Sitze für einen Gulden, für zwei und für drei Gulden.«

»So«, frage ich den Kassierer, »noch teurere habt Ihr wohl nicht, ha?«

Währenddessen lärmt die Horde unaufhörlich. Der Kassierer hört meine Worte, erhebt sich von seinem Stuhl, steckt seinen Kopf aus dem Fensterchen und schreit zur Horde, mir direkt ins Gesicht:

»Der Teufel in Eure Väters Väter! Fort mit Euch, oder ich rufe Reb Lazer, den Polizisten mit einem Wasserschlauch!«

»Kommt«, sagt er dann zu mir, »tretet ins Tor...«

Die Horde weicht ein wenig zur Seite, und ich gelange endlich durch das Tor in den Hof. Im Hof befindet sich ein großer Stall oder eine Bude, durch deren Bretter Beleuchtung zu sehen ist. Man hört Menschenlärm. Die Tür der Bude steht halb offen, und zwei kräftige junge Schauspieler stehen davor und geben acht, daß niemand ohne Billett durchschlüpft.

»Juden! Geht einzeln! Immer nur einer!« ruft ein Jude mit zerrupftem Bart und mit einem Säbel an der Seite.

Wahrscheinlich ist es Reb Lazer, der Polizist. Doch die Menge hört auf ihn wie auf den Kater. Man will nicht einzeln gehen. Jeder will der erste sein, und alle drängen sich gleichzeitig vor.

»Laß passieren, du Ignorant mit dem Säbel! Siehst du nicht, wer da geht?«, schreit einer, drängt sich mit Gewalt vor und ergießt einen Wortschwall über die Schauspieler.

»Pfeifer! Lump! Grüne Stachelbeere! Hohler Darm!«

Ich drehe mich um. Wer redet da? Die Sprache kommt mir irgendwie bekannt vor. Ich schaue ihn an und erkenne ihn. Es ist Nojach, der Portier von meinem Hotel

Türkalia. Er zieht hinter sich ein Gefolge von Weibern, Jungen und Mädchen nach.

»Wer ist dieses Weibl?«, fragt ihn einer der Schauspieler.

»Das ist mein Weibl«, antwortet Nojach. »Du kennst nicht meine Sure-Perl? Und das sind meine Kinder.«

»Und das?«

»Das ist meine Schwiegermutter.«

»Und diese da?«

»Das ist die Kusine meiner Frau.«

»Und wer ist der junge Mann?«

»Das ist ihr Verlobter.«

»Und wer ist dieses Mädchen?«

»Das ist die Schwester des Verlobten.«

»Und wer ist der Bocher da?«

»Das ist der Verlobte der Schwester des Verlobten.«

»Und wer ist dieses Mädchen?«

»Das ist seine Schwester, das heißt, die Schwester des Verlobten der Schwester des Verlobten.«

»Eine hübsche Familie bei Euch, Reb Nojach!«

»Salz, dir in die Augen, Steine dir ins Herz!« sagt zu ihm Nojach. »Sag wenigstens *unberufen,* du Kommödiantchen, du Bärentreiber, du Gurgelreisser, du Semmelfresser!«

Gleich nach Nojach dem Portier drängt sich der Hoteldiener mit den großen Stiefeln durch. Einer der zwei Schauspieler an der Tür gibt ihm einen Schubs von hinten und schiebt ihn ins Theater hinein.

Ich merke, daß nach ihm verschiedene Leute sich hineindrängen, größtenteils ohne Billetts. Unter den verschiedenen Leuten erkenne ich meinen Hotelwirt vom Hotel *Türkalia* mit einer sehr korpulenten Jüdin, die sich wie auf Rädern bewegt und dabei wie eine Ente wackelt.

»Ah, Ihr seid auch da?« sage ich zum Hotelwirt und vergesse dabei, daß er taub ist wie eine Wand.

»Macht nichts«, antwortet er und schreit mit voller Stimme, als wäre ich der Taube. »Ihr Singen... keine große Sache.«

»Ihr seid wohl hier zum ersten Mal?« frage ich ihn.

»Der Stall gehört Reb Lipe«, sagt er zu mir. »Das ganze Jahr hindurch hält man hier Vieh oder Pferde.«

»Komm schon!« ruft zu ihm die dicke Jüdin und zieht ihn am Jackensaum. Beide setzen sich ganz vorne hin.

»Höret nur, ihr Schauspieler! Wo steckt ihr denn?« ruft eine Dame mit Brilliantenschmuck und einem Hut mit weißen Federn. Neben ihr steht ein Kavalier, auch mit Hut und einem gestutzten Bärtchen. Einer der Schauspieler springt herbei, ein Bocher in einem kurzen Rock und mit einem verhungerten Gesicht.

»Was wollt Ihr sagen, Madam?«

»Was heißt, was ich sagen will?« sagt zu ihm Madam. »Wir haben doch Billetts gekauft, warum weist man uns nicht unsere Plätze an?«

Der lange Schauspieler mit dem Hungergesicht nimmt ihr Billetts und führt sie ganz nach vorne, doch alle Plätze sind besetzt.

»Entschuldigt, ihr habt euch nicht auf eure Plätze gesetzt«, sagt der Schauspieler zu einem Bocher mit einem Mädchen, die dort sitzen und Nüßchen aus einer Tüte kauen.

»Wer hat euch gesagt, daß wir nicht auf unseren Plätzen sitzen?« sagt der Bocher und fährt in seiner Beschäftigung fort.

»Zeigt eure Billetts«, sagt zu ihnen der Schauspieler, nimmt die Billetts ab und zeigt ihnen, wo sie zu sitzen haben, nämlich viel weiter hinten.

»Was heißt das«, sagt der Bocher, »Ihr werdet mir Befehle erteilen, wohin wir uns setzen sollen? Was ist hier? Mit Verlaub, eine heilige Stätte, ein Bethaus oder was?«

Der Schauspieler läßt sich mit ihm in ein langes Gespräch ein, doch der Bocher und das Mädchen rühren sich nicht von ihren Plätzen und knacken weiterhin ihre Nüßchen. Der lange Schauspieler mit dem verhungerten Gesicht versucht es bei allen anderen Leuten, doch das Publikum sitzt ganz fest auf seinen Plätzen, und keiner will weichen, selbst wenn man das ganze Theater mit Gewalt entfernen sollte.

Die Dame mit den weißen Federn und mit den Brillanten empört sich: »Was für Ordnung herrscht im Kasrilewker Theater?«

Sie schreit, man solle ihr das Geld zurückgeben, das sie für die Billetts bezahlt hat.

»Wo ist Laser, der Polizist?«

Es endet damit, daß man ihretwegen zwei Extrastühle hinstellt, worauf sich die Gemüter ein wenig beruhigen. Allmählich werden die Lämpchen angezündet. Sie rauchen und verbreiten einen scharfen Gasgeruch. Nacheinander erscheinen vor der Bühne die Musikanten. Ein Bettlaken dient als Vorhang. Allen voran erscheint der Baßgeiger, ein hochgewachsener Jude mit dichten Schläfenlocken und mit finsterem Blick wie der eines Mörders. Gleich nach ihm erscheint der Kesselpauker, ein buckliger Bocher mit schütterem Haar. Dann kommt der Trompeter, ein kurzgewachsener Jude mit wulstigen Lippen; der Flötenspieler mit einem schwindsüchtigen Gesicht, der Baßtrompeter mit diebischen Äuglein, die hin und her eilen, und zwei oder drei junge Leute mit Geigen und erst zuletzt der erste Geiger, der älteste der

Musikanten, der Dirigent, ein rothaariger Bocher mit weißen Papiermanschetten, mit kurzem Rock, mit Pomade glattgeschmierten Haaren und einer großen, blauen Schleife. Er stellt sich mit dem Gesicht zum Publikum, läßt alle seine Finger knacken, einen nach dem anderen, und lächelt in die Ferne zu einem Mädchen mit weißen Handschuhen. Die Kapelle nimmt Platz, und man beginnt, die Instrumente zu stimmen. Zuerst klopft der Dirigent mit dem Bogen auf seine Geige, und der Trompeter mit den wulstigen Lippen bläst einen Ton. Gleich nach ihm ertönen alle übrigen Instrumente und führen ein Gespräch miteinander. Die Geige weint und seufzt; die Trompete macht *noladir, noladir* wie ein Truthahn, den man gereizt hat; der Baß brummt wie ein Bär, und die Flöte pfeift auf sie alle. Es entsteht ein Gemisch von Tönen wie von einigen hundert Weibern auf dem Jahrmarkt und wie Geschnatter von Gänsen und Enten.

Dann erscheint ein junger Mann in einem grünen Kaftan, in der einen Hand hält er ein Bündel Papier und in der anderen einen halben Hering mit einer Semmel... Er setzt sich ganz vorne auf einen kleinen Hocker, der Bühne gegenüber, und nimmt einen Imbiß zu sich.

»Wer ist das?« höre ich die Dame mit den weißen Federn ihren Kavalier fragen.

»Das ist der Souffleur«, antwortet der Kavalier.

»Was ist das, *Souffleur«,* fragt ihn die Dame.

»Das heißt, ihr Souffleur«, sagt der Kavalier.

Jenseits des Bettlakens besprechen die Schauspieler verschiedenes:

»Wo, zu allen schwarzen Jahren, ist Fradel, die Primadonna?«

»Sie ist zum Schuster gegangen. Sie kann nicht auf die Bühne. Ein Absatz ist ihr abgesprungen.«

»War sie krank, bei Tag hinzugehen? Eine schöne Primadonna!«

»Avremel, zieh deine Hosen aus!«

»Warum stören dich meine Hosen?«

»Eine schöne *Babe-Jachne* in Hosen ...«

»Ich trage doch ein Kleid darüber! Was liegt daran?«

»Ich weiß, daß du ein Kleid darüber hast. Was wird aber sein, wenn man dich ins Feuer wirft? Du fliegst dann mit dem Kopf nach unten und mit den Füßen nach oben, und dann wird man die Hosen sehen.«

»Gib mir lieber eine Zigarette, du Grünkopf!«

»Hotzmach! Wo ist dein Bart? Warum klebst du dir den Bart nicht an? Rebbeka, schmier dir dein Gesicht mit Kreide ein! Menaschke! Mach dir hinten einen Buckel, damit du wie ein Jude aussiehst.«

»Wo sind die Fische? Wer hat die Fische aus dem Fleischerladen gebracht? Ich habe euch tausendmal angesagt, daß *Koldunia* gespielt wird, und da muß man Fische haben. Daß dich der Teufel hole, Welwel! Was für ein Direktor bist du, du Tölpel!«

Plötzlich entsteht ein ohrenbetäubender Lärm im Theater. Jemand tänzelt mit einer Glocke vorüber und läutet. Es vergehen einige Minuten, und die Menge fängt wieder zu lärmen an. Wieder läuft der mit der Glocke vorüber, und er wiederholt es mehrere Male, bis der rothaarige Fiedler sich erhebt, den Kopf einigemal auf und ab bewegt, seinen Kragen mit der Schleife zurechtmacht und mit dem Stab klopft, worauf die Musikanten eines ihrer *Stückchen* spielen. Die Menge schreit, und er klopft erneut, und die Musikanten spielen noch *eine Sache*. Es wird nicht ruhig, bis das Bettlaken aufgeht und das Spiel beginnt.

Als erste tritt ein Mädchen in einem Unterkleid auf,

mit zerstrubbeltem Haar, als hätte sie gerade jemand verprügelt, und fängt ein trauriges Lied zu singen an, von einer armen Waise, nach der Melodie des russischen Liedes *Stoit Gora Wissokaja.*

»Ein Waisenkind, ein Waisenkind . . .«

Und das ganze Publikum singt mit:

»Ein Waisenkind, ein Waisenkind . . .«

Zuerst leise, dann immer lauter, so daß man nicht mehr das Mädchen, sondern nur noch das Publikum singen hört. Einer der Schauspieler springt auf die Bühne und bittet das Publikum, doch ruhig zu sein. Die Menge wird still, doch nicht sehr lange. Das Mädchen fängt wieder zu singen an und mit ihr die ganze Gemeinde:

»Ein Waisenkind, ein Waisenkind . . .«

Wieder springt derselbe Schauspieler auf die Bühne, noch einmal und noch einmal, bis er die Beherrschung verliert und sich mit herben Worten an die Menge wendet:

»Werdet ihr endlich verstummen? Ich rufe gleich nach Reb Lasar, dem Polizisten mit dem Schlauch, daß der Teufel hole eures Vaters Vater!«

Die Menge hört zu singen auf. Dafür fängt jetzt jeder an, nach seinem Verstand den Gesang des Mädchens zu kritisieren. Der eine sagte, sie habe eine Stimme wie ein altes Feldbett, ein anderer wieder meint, wenn ihr jemand eine Semmel reichen würde, würde er damit eine edle Tat vollbringen. Die Leute aus den hintersten Reihen schreien um Ruhe, doch es hilft nichts. Da fliegt Hotzmach auf die Bühne, ein Jude mit einem komischen *Streiml,* einer Pelzmütze, mit einem halben Bart, mit Schläfenlocken, die ihm bis zum Gürtel reichen, in Schuhen ohne Socken, mit verdrehten Augen und einem Höcker am Rücken. Hotzmach trägt einen Korb mit sich, und wie ein Verrückter zählt er auf, was er da zu verkaufen hat: Peitschen, Stöcke, Zündhölzer, Messerchen, Socken aus Papier, Kleider aus Kristall, Stecknadeln, Zwirn! Kauft etwas, Weibl! Dabei greift er sich jedesmal an die Schläfenlocken, macht einen Sprung und schreit:

»Hotzmach! Hole mich der Teufel!«

Die Menge wird so von Rührung hingerissen, daß ein Tumult entsteht, der eine halbe Stunde anhält. Man klatscht *bravo*, man schreit: »Hotzmach hurra!«

Man klopft mit den Stöcken auf die Bänke ohne aufzuhören. Hotzmach versucht, das Publikum zu beruhigen. Er stellt sich vor sie hin und fuchtelt mit den Händen. Da fängt man aber noch mehr zu schreien an:

»Hotzmach, ein Tänzchen! Hotzmach, Hotzmach!«

Plötzlich fliegt etwas mit Flügeln, fliegt von oben nach unten und fällt genau auf den Hut mit den weißen Federn der Dame mit den Brillanten. Während die Dame sich anschickt, vor Schrecken in Ohnmacht zu fallen, entsteht im Theater ein Tumult und ein Gebrüll.

»Gewalt, Juden, rettet! Rettet!«

Jemand schreit: »Es brennt!« – und mehr brauchte man nicht. Es entsteht ein Springen über Köpfe zur Tür mit Schreien:

»Hosi, wo bist du? Jenkel, hierher! Rebbeka, halte dich! Mottel, ich sterbe! Brache, schrei nicht! Beni, wo ist Jenkel? Mutter! Da bin ich, Mutter ...«

Noch eine Minute länger, und wir wären alle umgekommen. Ein Glück, daß Nojach, der Portier meines Hotels, auf eine Idee kam und uns alle vom Tode errettete. Er sprang auf einen Stuhl und wendete sich mit seinem Mundwerk zum Publikum:

»Tölpel, Narren, Ziegenbärte, närrische Kehlen! Weiberseelen, warum tobt ihr so? Warum schreit Ihr? Wohin lauft ihr? Bald wird aus euch ein Grützebrei, ihr Dummköpfe! Vor wem seid ihr da so erschrocken? Vor einem dämlichen Geflügel? Seht ihr denn nicht, daß ein Huhn aus dem Dachboden hinuntergesprungen ist? Reb Laser, warum schweigt Ihr? Stellt den Schlauch ein! Musikanten! Der Teufel in eure Väter, etwas Heiteres-*Toderidadreridode-rida . . .*«

Die Musikanten pauken etwas Lustiges, und die Leute kehren allmählich zu ihren Plätzen zurück. Ich stehle mich heimlich aus dem Theater, erwische eine Droschke und lasse mich zum Hotel *Türkalia* fahren. Die Kutsche schaukelt mich über das Steinpflaster, hält eine Weile und schaukelt weiter.

»Warum bleibt Ihr dauernd stehen?« frage ich den Kutscher.

»Weiß der Teufel«, antwortet er mir, »*Hü!* Es hat ihnen gelüstet, unseren Kasrilewker Straßenkot zu beleuchten, da haben sie sich eine Art Beleuchtung ausgedacht, solche *Lampternen,* an welchen man nicht vorbeifahren kann, da sich die Pferde vor ihnen fürchten. Sie sind bei uns nicht gewöhnt, daß man sie anleuchtet. *Hü,* hü! Jedesmal denkt man sich ein neues Übel aus. Erst eine Straßenbahn, möge sie versinken! *Hü!* Nachher *Lampternen,* die Pferde zu erschrecken. Und jetzt sagt man, wollen sie verbieten, das Wasser aus dem Gnilopadka-Teich zu benützen. *Hü!* Es wird ihnen helfen wie einem Toten Schröpfköpfe, denn die Wasserträger, selbst wenn sie wüßten, daß sie der Tod ereilt, werden es nicht zulassen, daß Kasrilewke Brunnenwasser trinkt. *Hü!* Sie wissen nicht mehr, was sie sich alles ausdenken sollen, diese Reichen, mögen sie brennen! Man sagt, daß das alles aus Jehupetz kommt. Den Jehupetzer Reichen fehlen, so schauts aus, nur noch Kopfschmerzen. *Hü!* Sie sitzen und zerbrechen sich die Köpfe, wie man Juden um ihr Verdienst bringt, wie man den Armen den letzten Bissen Brot vom Munde reißt. Möge sie ein böses Geschick dort in Jehupetz treffen. *Hü*, Kinder, *hü, hü!*«

Es brennt in Kasrilewke

Im Hotel *Türkalia* verbrachte ich die ganze Nacht im Kampf mit bösen Tieren, die über mich herfielen, um sich an mir zu rächen, weil ich mich geweigert hatte, mit ihnen mein Bett zu teilen, und es vorgezogen habe, mich auf das Kanapee umzubetten.

»Was hast du schon damit erreicht?« sagten sie provozierend zu mir. »Wir werden dich nicht nur beißen, sondern du wirst dazu noch ein hartes Kopfende haben und von dem Kanapee mit steifem Hals und Nacken aufstehen.«

Plötzlich höre ich ein unheilschwangeres Läuten: *Bomm, bomm, bomm!* Gleich darauf hört man Menschen laufen, und man hört ein Geschrei: »Es brennt! Es brennt!«

Ich erhebe mich und gehe ans Fenster. Eine Hälfte des Himmels ist feuerrot, und die andere ist in Dunkel gehüllt. Eine Hälfte der Stadt ist geisterhaft erleuchtet, während die andere in eine angsterregende Dunkelheit versunken ist. Ich fahre in meine Kleider und laufe auf die Straße hinaus. Aus der Ferne hört man merkwürdige Schreie, ein Rufen ohne Worte, und schlaftrunkene Menschen irren dahin, hasten gähnend und zitternd vor Kälte und erzählen einander Wunder über Wunder: Wer als erster davon gehört hat, auf welche Weise er es erfahren hat und bei wem es brennt.

»Es ist bei Josil.«

»Bei Menasche!«

»Es ist nicht bei Josil und nicht bei Menasche, es ist bei Sure-Sissl.«

»Wie kommt ihr auf Sure-Sisse? Wo doch Sure-Sissls Haus auf der *Jordige* ist, das Feuer aber in der Altstadt?«

»Es ist in der Altstadt, wie ich ein Rabbiner bin!«

»Seht ihr denn nicht, daß es neben dem Badehaus ist?«

»Ruhe! Wozu streiten? Am besten kommt hin, dann werden wir es genau wissen.«

Sie gehen, ich folge ihnen und höre, was sie reden.

»Wette, jemand hat schon den Segensspruch für den Erschaffer des Feuers gemacht.«

»Wo ist der Beweis?«

»Wahrscheinlich war er versichert.«

»Woher weißt du das?«

»Was denn? Wenn er nicht versichert wäre, würde es nicht brennen. Von selbst brennt ein Haus nicht.«

»Was sagst du, Jankel, wie schön es brennt? Eine wahre Augenweide! Wie eine *Hawdole* brennt es, wie eine *Hawdole!*«

Der Brand wirft Feuerzungen um sich. Das Dach ist nicht mehr da. Das Gebälk knackt, die Fenster knarren, und ein dichter Rauch ballt sich zusammen, schlängelt sich und zieht weit, weit über Häuser und Häuschen. Man hört das Geschrei der Weiber, welche den Schicksalsschlag, der sie mitten in der Nacht getroffen hat, beklagen, und das Weinen von kleinen Kindern, die sich zitternd am Feuer wärmen. Dort sitzen Elende auf einer Daunendecke mit einigen Kissen, die sie gerade noch aus dem Feuer retten konnten, und hier steht eine schwangere Jüdin, mit einem Topf und mit einem Staubwedel in der Hand und erzählt einer anderen Jüdin, wie es angefangen hat.

»*Angefangen* hat es angefangen, weh ist mir, bei Schimon dem Tischler. Man ist dort wahrscheinlich in der Nacht, wüst ist mir, mit einer Lampe herumgegangen, Hobelspäne sind viel vorhanden, finster ist mir, und vielleicht ein Streichholz, eine Zigarette oder vielleicht hat der Hausherr selbst, Gedalje meine ich, es getan. Ich weiß es nicht, ich war ja nicht dabei... Doch irgendwie sind nebbich, ach ist mir, arme Leute obdachlos geworden. Sie sind aus dem Feuer heraus, wie die Mutter sie geboren hat, weh ist mir! Wenn Ihr mich ernstlich fragt, warum ich einen Topf und einen Staubwedel herumtrage, weiß ich selbst es nicht.«

»Ach, ein Unglück! Ach, ein Schlag!« weint ein Weibl mit einer Melodie aus der *Akdomes-Hymne,* die man am Pfingstfeiertag singt, und ringt dabei die Hände. »Was soll ich jetzt machen? Nicht mal einen Faden herausgerettet! Wie werde ich den Tag überleben? Wo werde ich mich hintun mit meinen kleinen Kindern...?«

Wie Geister und Teufel laufen junge Leute aus dem brennenden Haus heraus und wieder hinein. Sie springen ins Feuer und retten, was sie können. Der eine bringt ein Stuhlbein heraus, ein anderer bringt das Perpendikel einer Uhr, und ein dritter bringt einen Besen.

»Wo steckt Eli mit dem Schlauch?« schreit einer von der Löschergruppe und schaut sich nach allen Seiten um.

»Da bin ich, ich bin da!« ruft Eli, ein kleines Jüdlein, und fummelt am Schlauch herum.

»Was machst du dort? Warum fummelst du so lange herum?«

»Ich nähe den Schlauch, er ist geplatzt«, sagt Eli.

»Wo ist Fischel mit den Eimern?« schreit ein anderer, ein Schwarzhaariger in seinem zerfetzten kurzen Gebetsmantel mit verrußtem Gesicht und mit heiserer Stimme.

»Fischel, Fischel!« schreien die anderen mithelfend.

»Was *fischelt* ihr?« ruft einer, offenbar Fischel selbst. »Seht nur, wie sie sich zerfischelt haben! Fischel! Fischel! Fischel! Fischel!«

»Wo sind deine Eimer?« fragt man ihn.

»Die Eimer sind hier«, sagt Fischel, »doch was wollt ihr mit ihnen anfangen, wenn Grunem mit dem Faß noch nicht da ist?«

»Vielleicht wirst du dich bemühen, Fischel, und inzwischen einige Eimer Wasser von den Nachbarn holen?«

»Warum gerade ich?« sagt Fischel. »Soll Eli gehn!«

»Eli! Nimm einen Eimer und mach einen Sprung um Wasser!«

»Wie kann ich denn? Du siehst doch, daß ich mit dem Schlauch beschäftigt bin! Soll Mottel gehn.«

»Mottel! Geh und hol wo einen Eimer Wasser.«

»Wohin soll ich gehn, wenn ich hier niemanden kenne? Soll Anschel gehn.«

»Anschel! Schnell, mach einen Sprung um Wasser!«

»Ich? Ich weiß nicht einmal, wo sich hier eine Tür öffnet! Soll Dawid gehn.«

»Ruhe, Ruhe! Hier kommt Grunem mit dem Faß! Er kommt, er kommt, er kommt!« – Und alle stürzen sich auf Grunem um Wasser, allen voraus Eli mit dem Schlauch. Grunem, ein Jude mit einem glänzenden Gesicht, geht ganz ruhig, ohne Eile, den Rocksaum hinten in den Gürtel hineingesteckt, und ihm trottet ein abgemagertes Pferd nach, das kaum die Füße aus dem Morast heben kann. Beide – sowohl Grunem als auch, mit Vergebung, das Pferd – sehen sehr verschlafen aus.

»Willkommen ein Jude! Und wir haben schon geglaubt, daß Ihr, Gott behüte, heute nicht da sein werdet.«

»Eine schöne, aber kurze Geschichte!« sagt Grunem. »Wer denn wird hier sein, wenn nicht ich? Was bin ich denn, ein Luftmensch? Wie ich nur den ersten Glockenton gehört habe, war ich schon beim Pferd. Meine Alte wollte mich sogar davon abhalten. ›Wozu wirst du dich schleppen‹, sagt sie, ›in diesem Morast? Hab Mitleid nebbich‹, sagt sie, ›mit dem Pferd, es ist abgeplagt vom ganzen Tag.‹ Doch wer hört auf sie? Wer? Ich liebe es, Gutes zu tun und besonders dort, wo es ums Leben geht. Arme Leute brennen nebbich ab! Eine Kleinigkeit?«

»Lange sollt Ihr leben, Reb Grunem! Wir vergehen nach einem bißchen Wasser. Bei allen Nachbarn gibt es nicht einen Tropfen!«

Und die Gruppe Löscher eilt mit leeren Eimern zum Faß, allen voran Eli mit dem Schlauch. Die Löscher schicken sich an, Wasser zu pumpen, um es in die Eimer zu zapfen ... es zapft sich nicht.

»Was ist das, Reb Grunem, seid Ihr verrückt oder verwirrt? Ihr seid gekommen mit einem leeren Faß!«

»Was heißt, mit einem leeren Faß?« sagt Grunem, »ein volles Faß wie ein Auge, und da sagt ihr gar, ein leeres Faß?«

»Geht und seht selbst!« ruft einer. »Das Faß ist leer wie eine Trommel!«

»Was heißt, es ist leer?« sagt Grunem und betrachtet das Faß. »Ihr redet mir da etwas Erdachtes in der *Targum*-Gelehrtensprache. Leer gar! Mögen unsere Feinde leer sein, im Bauch und in den Gedärmen!«

Und Grunem beklopft das Faß mit seinen Fingern, horcht es von allen Seiten ab und entdeckt, daß es ohne Zapfen ist.

»Eine Cholera! Ein böses Geschick! Ein Ausrinnen! Ein Verdorren! Ein Verschrumpfen! Wie konnte mir der Zapfen herausgefallen sein? Versinken soll er! Und wo ist er hingekommen? Brennen sollst du in diesem Feuer, du Unglücksrabe!«

Und Grunem läßt sein ganzes bitteres Herz nebbich am Pferd aus und versetzt ihm mit dem Peitschenstock einen Schlag in die Seite. Das Pferd blinzelt mit den Augen, läßt den Kopf hängen, blickt zur Seite und denkt: »Wie komme ich eigentlich zu diesem Hieb? Er hat ganz einfach mich zum Hauen genommen. Es ist keine Kunst, ein Pferd herzunehmen, eine stumme Zunge, und es ganz ohne Grund zu schlagen.«

»Hab dir achtzig schwarze Jahre!« sagt Grunem zu sich selbst. »Ich sehe, was es ist: Ich gieße und gieße und gieße... Jetzt verstehe ich schon. Das Faß war, so scheints, von Anfang an ohne Zapfen. Möge über dich noch diese Nacht der Untergang kommen! Sollst in kleine Stücke zerfallen, Allmächtiger!«

»Wasser! Wasser!« schreien die Retter aus dem Feuer. »Schnell, schnell, bringt die Eimer her! Das Wasser!«

»Was für Eimer? Was für Wasser?« antworten die Feuerlöscher. »Ihr seht doch, daß kein Tropfen Wasser da ist.«

»Was heißt, es ist kein Wasser da?«

»Es gibt kein Wasser heißt, es gibt kein Wasser.«

Plötzlich hört man wieder diesen unheimlichen Glokkenklang: *Bomm, bomm, bomm* – und die andere Stadthälfte leuchtet auf.

»Noch ein Brand! In der neuen Stadt!« schreien viele Stimmen auf einmal, und die ganze Meute mit den Feuerlöschern läuft zur neuen Stadt.

»Zwei Brände in einer Nacht«, sagt Grunem zu sich

selbst. »Bin ich nicht verpflichtet. Ich werde dafür nicht bezahlt. Will ich, fahre ich, will ich nicht, fahre ich nicht. Und das Pferdchen ist auch nicht aus Eisen! Eine bemitleidenswerte Kreatur, es schuftet sich nebbich den ganzen Tag ab, soll es sich noch ganze Nächte herumschleppen? Hat es nichts Besseres zu tun? Die Gemeinde kann mich nicht zwingen. Sollen sie den Kopf an die Wand schlagen! Komm, Bruder«, sagt er dann zum Pferd, »laß uns nach Hause fahren.«

Kasrilewker Banditen

Ins Hotel von den Bränden am frühen Morgen zurückgekehrt, öffne ich die Tür zu meinem Zimmer, und ich erstarre vor Entsetzen. Ich erblicke drei merkwürdige, mir unbekannte Gestalten, die bei Kerzenlicht herumhuschen. Das Bett zerwühlt, der Kleiderschrank offen, mein Köfferchen mitten im Zimmer und meine Papiere, meine Schriften liegen auf dem Fußboden herum.

»Was ist das? Wer seid ihr? Was macht Ihr da?« frage ich einen von ihnen, einen Juden mit rotem Bart und mit einer bläulichen Warze auf der Nase.

»*Geiz ihm ein Sermes, soll ihm die Leese nihsau!*« ruft ein anderer in ihrer Sprache, was heißen soll: »Zeig ihm ein Messer, soll ihm die Seele hinaus.«

Der Rote mit der bläulichen Warze antwortet mit keinem Wort. Er verschließt die Tür, bückt sich, zieht aus dem Stiefelschaft ein großes, scharfes Metzgermesser und fuchtelt damit vor meinem Gesicht hin und her wie ein Magier.

»Wer wir sind? Wir sind einheimische Banditen!« ruft einer der Bande zu mir, ein schwarzhaariger Jude mit einer Klappe über einem Auge. Beim Wort *Banditen* wirft er mit dem gesunden Auge einen furchterregenden Blick auf mich und knirscht wie ein Wilder mit den Zähnen.

»*Lettüsch seine Schaten!*« ruft einer in ihrer verkehrten Sprache, was heißen soll: »Schüttle seine Taschen!«

»Geld, gib Geld her!« schreit der dritte von der Bande auf Russisch, ein hochgewachsener Jude mit heiserer Stimme, packt mich beim Rocksaum und schüttelt mich wie einen Palmenzweig.

»Geld, Geld«, sag ich, »wollt Ihr? Bei mir wollt Ihr Geld finden? Wie kommt zu mir Geld? Gott hat mich vor Geld bewahrt!«

»Du lügst«, sagt der mit der Augenklappe zu mir. »Auf der Stelle dein ganzes Geld hergeben, das du hast, sonst nimm Abschied vom Leben. Wir geben dir zwei Minuten zum Überlegen und eine Minute für das Sterbegebet.«

Und damit ich nicht glaube, daß sie mit mir Spaß treiben, kommt der Rote mit der Warze auf mich zu und zeigt mir das Messer, das er vor mir mehrmals hin und her, hinauf und hinunter schwingt, wie man es mit dem Palmenzweig am Laubhüttenfest beim Hallelujagebet macht.

»*Was tehscht ihr wie Logems aus Mehl?*« sagt der Heisere in ihrer verstellten Sprache und setzt dann in unserer Sprache fort. – »Wo sind die Stricke? Was steht Ihr wie Golems aus Lehm da! Laßt uns ihn an Händen und Füßen fesseln!«

»Wozu bemüht Ihr euch?« sag ich, »hier nehmt mein ganzes Vermögen, die Geldbörse mit den wenigen Rubeln und lasset mich in Frieden. Was habt Ihr gegen mich? Ich bin ein Vater von Kindern, unberufen vier Mädchen und zwei Knaben, der Jüngste ist noch keinen Monat alt.«

Die drei Banditen beraten miteinander in ihrem Ganovenjargon, zählen die paar Rubel in meiner Geldbörse und nehmen mich ins Verhör. Sie fragen, und ich antworte.

»Woher ist ein Jude?«

»Aus Jehupetz.«

»Wie heißt Ihr?«

»Scholem Alejchem*.«

»Alejchem Scholem, wie ist Euer Name?«

»Scholem Alejchem.«

»Alejchem Scholem. Wir fragen Euch, wie man Euch nennt.«

»Scholem Alejchem, so nennt man mich.«

»Ein merkwürdiger Name! Was ist Euere Beschäftigung?«

»Ich bin ein Schreiber.«

»Die Rede ist, was ist Euer Beruf?«

»Ich bin ein Schreiber.«

»Was schreibt Ihr? Eingaben, Dokumente, Anklagen?«

»Ich schreibe Feuilletons und Kindergeschichten für jüdische Kinder.«

»Seid Ihr, heißt das, ein Buchverkäufer, ein Verfasser von Büchern?«

»Ein Schriftsteller.«

»Was tut Ihr denn hier?«

»Ich bin gekommen, mir Kasrilewke anzusehen.«

»Sonst nichts?«

»Sonst nichts.«

* Der Name des Autors bedeutet: »Der Friede sei mit Euch.«

»Keine Geschäfte?«
»Keine Geschäfte.«
»Und dafür macht Ihr Spesen?«
»Mache ich Spesen.«
»Wozu nützt Euch das?«
»Damit ich was zu schreiben habe.«
»Wofür schreiben?«
»Für die Zeitungen.«
»Was für Zeitungen?«
»Jüdische Zeitungen.«
»Gibt es jüdische Zeitungen?«
»Wie denn anders?«
»Was tun sie?«
»Sie werden gedruckt.«
»Wo druckt man sie?«
»In Warschau.«
»Wozu braucht man sie?«
»Zum Lesen.«
»Wer liest sie?«
»Juden.«
»Zahlt Euch jemand dafür, was Ihr schreibt?«
»Gewöhnlich.«

»Dann sagts auch! Was, zum Beispiel, habt Ihr davon? Wieviel verdient Ihr in der Woche? Ihr raucht? Wo sind Euere Zigaretten?«

Ich nehme mein Zigarettenetui und biete ihnen Zigaretten an.

»Grafe ihn, ob es aus Bilser ist?« sagt einer in ihrer Sprache, was heißen soll, er soll mich fragen, ob es aus Silber ist.

»Eine silberne Zigarettendose?« fragt der mit der Augenklappe und wiegt das Etui in seiner Hand. »Silber oder ein wertloses Stück?«

»Eine gewöhnliche Imitation für zwei Gulden!« sage ich, und wir alle zünden uns die Zigaretten an.

»Kappe seine Ruh!« sagt einer im Ganovenjargon, was bedeutet, er soll mir meine Uhr nehmen.

»Wo ist Eure Uhr?« fragt mich der mit der Augenklappe und durchsucht alle meine Taschen. »Ihr habt gar keine Uhr?«

»Ich habe«, sage ich, »eine Uhr und sogar eine gute Uhr, eine goldene, doch habe ich sie in Jehupetz im Versatzamt.«

»Schade!« sagt der Heisere. »Sie würde uns jetzt sehr zustatten kommen. Wir brauchen jetzt eine goldene Uhr wie das Leben.«

»Wozu braucht Ihr so sehr«, sage ich, »eine goldene Uhr?«

»Eine goldene Uhr«, sagt er, »kann man verkaufen und gutes Geld dabei verdienen.«

»Lohe ihn der Mattenwacher!« sagt einer in ihrer Sprache. »Hole ihn der Wattenmacher! Er ist genauso ein armer Schnorrer wie wir!«

»Gute Nacht«, sagen zu mir die Banditen und schicken sich zum Gehen an.

»Nächstes Mal, wenn Ihr ausgeht, sollt Ihr die Tür verschließen und Euch nicht auf Gottes Wunder oder auf die Rechtschaffenheit der Kasrilewker Ganoven verlassen. Nehmt es uns nicht übel, wenn wir Euch vielleicht belästigt haben.«

»Im Gegenteil«, sage ich, »nehmt ihr es mir nicht übel, daß es so wenig ist.«

Ich will sie über die Schwelle geleiten, da wendet sich zu mir der Heisere, legt den Finger auf den Mund und stößt einen Ton aus, mit der Melodie aus *Koldunia.*

»Psst! Still! Still!«

Und der Rote mit der Warze zieht das Messer heraus und schwingt es einigemal über meinen Kopf, als wolle er sagen: »Wenn du, Gott behüte, auch nur einen Pieps tust, ist dein Leben kein Leben mehr.«

»Gewalt! Gewalt! Juden! Rettet!« schreie ich mit einer mir selbst fremden Stimme, sobald die Banditen entschwunden sind, und wecke das ganze Haus. Alle Bewohner laufen zusammen, Weiber springen in Unterkleidern aus den Betten und Männer, mit Verlaub, in Unterhosen. Man denkt, es brennt.

»Wieder ein Brand?«

»Niedergebrannt?«

»Wer brennt?«

»Ruhig, ruhig, niemand brennt!« ruft Nojach der Portier in seiner üblichen Sprechweise.

»Was habt Ihr Euch so zerschrien wie ein verrücktes Kalb? Warum schreit Ihr so, Ihr könnt doch, Gott behüte, alle Schauspieler aufwecken!«

»Verbrecher!« sage ich. »Räuber! Banditen haben mich soeben überfallen und beraubt!«

Beim Wort *Verbrecher* befällt die Leute Entsetzen, und es entsteht Lärm. Alle reden wie aus einem Munde:

»Verbrecher?«

»Wie sahen sie aus?«

»Zwei junge und ein alter!«

»Mit Messer vorgegangen?«

»Warum habt Ihr dann geschwiegen?«

»Ihr hattet Angst zu schreien?«

»Hast du gar Worte, Verbrecher! Gott soll uns behüten und erretten!«

»Gestern waren auch im Nachbarhaus Verbrecher . . . Eine Jüdin haben sie gewürgt und haben alles herausgetragen.«

»Es ist gefährlich, allein im Haus zu bleiben ...«

»Man wird schon bald aus Kasrilewke flüchten müssen!«

»Gar Verbrecher auch noch! Herrscht bei uns vielleicht Mangel an Unglück?«

»Fangt sie! Fangt sie! Fangt sie!« hört man von weitem eine Weiberstimme rufen zugleich mit laufenden Schritten vieler Menschen. »Fangt sie! Fangt sie!«

»Einen gefangen! Zwei gefangen! Bindet sie! Hast du auch schon den dritten? Bindet ihn! Bindet ihn!«

»Vorsichtig binden, nicht am Hals, an den Füßen.«

»Selde, gib mir dein Kopftuch, Selde!«

»Oh, hört Ihr? Man hat sie gefangen!« sagt zu mir Nojach der Portier und läuft mit einer Laterne zur Straße hinaus, wir alle ihm nach.

»Nu, was hört man?« schreit Nojach im Dunkeln in die Richtung der Stimmen. »Schon erwischt?«

»Erwischt! Erwischt!« antwortet ihm eine Weiberstimme im Dunkeln.

»Und gebunden?«

»Gebunden, gebunden!«

»Alle drei?«

»Alle drei, alle drei!«

»Laßt uns mal sehen, wie sie aussehen!« sagt Nojach der Portier und zieht die ganze Menge mit sich. Wir gehen mit der Laterne nahe an die gefangenen Verbrecher heran, und am Boden liegen ... drei gebundene Truthähne.

Die Truthähne halten ihre blauen Schnäbel nach unten, kollern und blinzeln mit den Äuglein gegen den Schein der Laterne. Die Weiber, halb nackt, erzählen uns Wunder über Wunder, wie die Truthähne aus der Steige entwichen sind. Keine aber weiß, wie es geschah.

»Waren es Diebe, oder lief ein Marder vorbei und erschreckte sie? Aber, Gott sei Dank, daß man sie gefangen hat, sonst wäre es, Gott behüte, ein Verlust – wer weiß, wie groß!«

»Pfui mit euch, Kasrilewker Hühnerweiber!« sagt Nojach und leert über sie alle seine bösen und wüsten Träume aus. »Der Teufel soll in euere Truthähne, Gänse, Enten und Staubwedel hinein!«

Und Nojach der Portier schüttet endlos seine gewählten, scharfen, zugespitzten Schimpfworte, während sich alle allmählich zerstreuen, um sich zur Ruhe zu begeben.

Ich bleibe mitten im Morast zurück, von der Nacht und ihren Schrecken ganz benommen. Eine nasse Kälte durchdringt meinen Körper. In einem Fenster zeigt sich ein Lichtschein. Aus Schornsteinen steigt hier und dort ein bläulicher Rauch auf. An einer Seite des Himmels zeigt sich ein heller Streifen. Da und dort hört man das Krähen der Hähne, die ihre Hälse strecken und in allerlei Tonarten schreien: *Kikiriki*.

Der Morgen graut.

Verbannung in die Sommerfrische

1.

Man erhascht unerwartet einige dicke Tausender,
verjagt den Dalles,
und die Ärzte verordnen,
nach Bojberik in die Sommerfrische zu fahren.

Fragt mich nicht, wie, warum, ob mit Gunst der Vorväter, mit welchen Sorgen und Ängsten, mit wieviel Unbillen und Kopfzerbrechen, aber ich habe erst dieses Jahr vor Ostern, gelobt *Sein* Name, ein Geschäftchen gemacht und dabei ein schönes Verdienstchen gehabt – mit einem Griff einige dicke Tausender.

Wenn man mit einem Mal einige dicke Tausender erwischt hat, packt man vor allem den Dalles am Kragen und jagt ihn aus dem Haus. Man wirft ihm einen Stuhl an den Kopf, einen neuen Kaftan, ein Kissen, einige Decken, ein Dutzend Teller, eine Rolle Stoff, ein Klavier – was einem so in die Hände kommt, fliegt ihm an den Kopf. So verjagte ich mit Gottes Hilfe die Armut zu allen schwarzen Jahren. Habe den Schlächter bezahlt, den Krämer, den Melamed und alle anderen Gläubiger rund herum, und wir feierten ein Osterfest – allen meinen Lieben gewünscht! Die schönsten Matzes, die besten Fische, die teuersten Weine, die neuesten Kleider, die fettesten Knödel gab es bei uns, und im Bethaus wurde mir der beste Abschnitt aus der Thora zum Vorlesen zugeteilt. Es hat sich uns aber bald, nicht Euch gewünscht, auf den Magen geschlagen. Man hat Ärzte geholt, und die Ärzte schrieben ihre Rezepte, nahmen das Geld und erteilten ihre Ratschläge: Ich, mein Weib und meine Kinder bräuchten *Luft* – ohne Luft kann ein Mensch keine Stunde auskommen, so sagten die Ärzte. Es blieb dabei, daß wir gleich nach Pfingsten, anfangs Sommer nach Bojberik zur Sommerfrische hinausfahren, um dort Luft zu schöpfen.

Die Wahrheit zu sagen, es war nicht so sehr die *Luft*, die uns nach Bojberik lockte, sondern Bojberik selbst. Nach Bojberik fahren und in einer Sommervilla sitzen, ist bei uns in Jehupetz eine große Angelegenheit, sogar eine Ehre, wie zum Beispiel weiche Fauteuils im Salon haben, auf welchen niemand sitzt, und ein Klavier, das da sein muß, obzwar sich niemand findet, der darauf spielen kann, und andere Dinge, die heute große Mode sind.

Wenn sich bei uns in Jehupetz zwei anfangs Sommer begegnen, lautet die erste Frage:

»Wo fahrt Ihr diesen Sommer hin?«

»Nach Bojberik, wo denn sonst soll man hinfahren? Nu, und Ihr?«

»Nach Bojberik, wo denn soll man hinfahren? Habt Ihr schon ein Sommerhaus?«

»Noch was für ein Sommerhaus! Nu, und Ihr?«

»Noch was für ein Sommerhaus!«

»Wo liegt Euer Sommerhaus?«

»Am Kreschtschatek natürlich! Nu, und Eueres?«

»Natürlich am Kreschtschatek . . .«

2.

Im Paradies.
Die Makler vergällen uns
das Paradies ein wenig.

Gleich nach Pfingsten setzte ich mich mit meinem Weib in den Zug, und wir fuhren nach Bojberik, ein Sommerhaus zu mieten. Der grüne Wald, die frische Luft, das Zwitschern der Vögel und dazu die erlesenen Sommervillen, von welchen jede wie eine geschmückte Braut aussah, die auf ihren Bräutigam wartet, hat uns so verzaubert, daß wir beinah keine Lust hatten, in das lärmende Jehupetz mit seinem heißen Pflaster und seinen feinen Gerüchen, besonders nachts, zurückzufahren.

»Was sagst du dazu, Chaje Ettl?« sage ich zu meinem Weib.

»Was soll ich sagen?« antwortet mein Weib, »der Teufel hole den Vater des Geldes . . .«

»Es sieht so aus, daß unsere Jehupetzer Aristokraten wissen, was gut ist. Ein wahres Paradies.«

»Es soll ihnen nur vergällt werden!« sagt sie gutgelaunt, und wir spazieren im Paradies wie Vater Adam und Mutter Eva, bevor sie vom Baume der Erkenntnis gegessen haben.

Doch die Makler haben uns dieses Paradies ein wenig mies gemacht. Jeder von ihnen hat uns gedrängt, ein Sommerhaus zu besichtigen. Seines sei besser, seines sei schöner, seines sei preiswerter . . . Unter ihnen befand sich ein Schwarzhaariger mit einer Peitsche und einem blaugeschlagenen Auge und ein anderer, ein rothaariger Bocher mit einem schiefen Gesicht. Der rothaarige Bocher mit dem schiefen Gesicht ergreift uns beim Jackensaum und schleppt uns fort. Darauf packt uns der Schwarzhaarige mit dem blaugeschlagenen Auge an den Händen und ruft:

»Mit wem wollt ihr gehen? Mit Ivan Poperile? Er wird euch in die Hölle verführen!«

»Wirst du bald verstummen, du schwarzer Kater?« sagt zu ihm der rothaarige Bocher, »gleich mache ich dir das andere Auge zurecht!«

Und ohne lange nachzudenken, stürzt er sich auf den Schwarzhaarigen, gibt ihm eins auf die Nase, worauf der Schwarzhaarige mit der Peitsche auf ihn losgeht, ihn blutig schlägt und dabei brüllt, daß er ihn beim Gendarm verklagen und uns als Zeugen angeben wird. Wir befreien uns aus ihren Händen und flüchten dorthin, wo der schwarze Pfeffer wächst.

3.

Die Fahrt von Jehupetz nach Bojberik.
Kleine Sorgen und große Ärgernisse.

Die Fahrt von Jehupetz nach Bojberik ist eine Kleinigkeit. Sie dauert alles in allem nur eine halbe Stunde. Doch die Reise von Jehupetz nach Bojberik zur Sommerfrische mit Weib und Kind, mit Bettzeug, mit dem fleischigen und dem milchigen Geschirr und mit allen übrigen Klamotten wünsche ich nur einem Feind. Von der ersten Minute an, wenn Ihr Euch für die Reise vorzubereiten beginnt, wird das Weib konfus, nervös, gerät in Panik! Es ist besser, Ihr kommt ihr dann nicht zu nahe ... Ihr glaubt, sie hält den Schlüssel in der Hand, glaubt Ihr, sie aber dreht sich im Kreise herum und schreit:

»Wo sind meine Schlüssel? Die Schlüssel? Was ist das für ein Haus? Man legt etwas hin, und es verschwindet. Man soll behütet und bewahrt werden vor solch einem Haus und vor solchen Kindern!«

Die Kinder ihrerseits haben die Gewohnheit, wenn sie sehen, daß man sehr beschäftigt ist, einem zwischen die Füße herumzuwuseln. Darauf kriegen sie eine Ohrfeige, einen Stoß, einen Hieb. Es entsteht ein Gewimmer, ein Geschrei, ein Gepolter, eine wahre Hölle. Jetzt noch das Packen! Läßt es sich denn mit einem Wort schildern? Unberufen eine ganze Wirtschaft zusammentun, einpakken, zuschnüren und dabei ja nicht die kleinste Kleinigkeit vergessen. Und wie zum Trotz, wenn dann schon alles Gepäck abgeschickt wurde, schaut man sich nochmal um und ... Man hat meines Weibes Hütchen mit den Blumen einzupacken vergessen, dazu auch den Käfig mit dem Kanarienvogel, das Tintenfaß vom Tisch, Spazierstock, Schirme und andere solche Dummheiten, die stets am Ende zurückbleiben, einschließlich dem Rohr vom Samowar.

»Was fangen wir ohne Samowar an?« schreit mein Weib. »Wo bekomme ich ein Hütchen in der Sommerfrische, und was wird nebbich aus dem Kanarienvogel werden? Er wird doch eingehn ...«

Kurz, man muß das alles in den Händen tragen. Aber wer soll der Träger sein, wo man doch alle Hände voll hat? Wir sind von oben bis unten beladen mit Körbchen, Schachteln, Päckchen und Bündeln. Muß man sich halt selbst bemühen – hat man denn einen anderen Ausweg? – und muß, mit Verlaub, das Rohr vom Samowar in die eine Hand nehmen und den Käfig mit dem Kanarienvogel in die andere. Was tut man jetzt mit dem Hütchen und mit den übrigen Klamotten? Da fällt Euch ein Ausweg ein: Ihr klemmt mit Eurer ganzen Würde das Rohr unter den Arm und nehmt das Hütchen in die Hand, damit Ihr es, mit Vergebung, nicht verknittert! Und das Tintenfaß? Das Tintenfaß schiebt Ihr in die Tasche. Ihr setzt Euch mit Müh und Not in die Kutsche, und halb ohnmächtig fahrt Ihr zum Bahnhof.

Am Bahnhof angelangt fängt ein neues Kapitel an: die Fahrkarten. Es ist ganz unmöglich auszurechnen, wieviele Billets Ihr benötigt. Also, Ihr beginnt an den Fingern zu zählen: Ist mein Weib, kein böses Auge, nicht eins? Unberufen acht Kinder, sechs große sind sechs ganze Billets, macht das zusammen nicht sieben? Zwei kleine Kinder sind zwei halbe Billets, macht das nicht acht? Die Großmutter macht das nicht neun? Und drei Dienstmägde macht zwölf. Genau zwölf. Gut, daß nicht dreizehn, denn dreizehn ist keine gute Zahl.

Die Leute drängen, das Weib ruft Euch zu:

»Wo bist du nur? Wo hältst du dich so lange auf? Jetzt wird man sich noch seinetwegen verspäten!«

Und die Kinder helfen ihr beim Schreien:

»Papachen, schneller, schneller, wir kommen zu spät!«

Wie gehetzt lauft Ihr in den Waggon und verhakt Euch dabei mit dem Rohr vom Samowar an der Tür. Das Hütchen mit den Blumen fällt zu Boden. Ihr bückt Euch, es aufzuheben, und das Tintenfaß läuft aus. Das Weib fängt zu maulen an – und sie hat ja recht:

»Er bewegt sich wie ein bleierner Vogel! Wer hat dich gebeten, so gut zu sein und mein Hütchen zu tragen? Was werde ich jetzt tun ohne Hütchen?«

Ihr versprecht natürlich, ihr zehn neue Hütchen zu

kaufen, nur endlich Ruhe soll sie geben! Da sagt sie, daß sie auf Eure Gefälligkeiten verzichtet, daß Ihr Euch die neunundneunzig Hütchen an den Hut stecken sollt... Ihr werdet feuerrot und fangt vor Verlegenheit zu schwitzen an, denn fünfzig Passagiere schauen auf Euch und auf die Kinder, die gerade um einen Fensterplatz miteinander raufen. Sie wollen alle aus ein und demselben Fenster gucken. Ihr Glück, daß es im Waggon ist, denn wenn Ihr Euch vor den Leuten nicht genieren würdet, könntet Ihr mit ihnen jetzt gehörig abrechnen. Plötzlich kommt der Kleinere zu mir und sagt:

»*Papacha, a gdje kanalejka?* Wo ist der *Kanarien*vogel?«

Ihr guckt in den Käfig: öd und leer und kein Vogel drin! Ihr steht auf, sucht den Vogel unter den Füßen und in allen Taschen. Wo kann der Vogel nur hingekommen sein? Wann ist er davongeflogen? Ein Mitreisender fragt:

»Was für ein Vogel war es?«

Andere flüstern miteinander und ersticken fast vor Gelächter. Ein junger Mann mit weißen Zähnen gibt Euch einen Rat.

»Sobald Ihr in Bojberik angelangt seid, schickt eine Depesche nach Jehupetz, daß man nach dem Vogel fahndet.« Und alle ringsherum brechen in ein Gelächter aus. Ihr verspürt starke Lust, den Klugen mit den weißen Zähnen an der Gurgel zu packen und ihn zum Fenster hinauszuwerfen.

Zum Glück kommt der Schaffner mit dem Kontrolleur, und alle greifen nach ihren Billetts.

Bei Euch angelangt fragt Euch der Kontrolleur, für wen die zwölf Fahrkarten bestimmt sind. Ihr zählt dann an den Fingern ab: Mein Weib, sechs größere Kinder, zwei kleinere Kinder, eine alte Frau und drei Dienstmägde.

»Nu, und wo ist Euer Billett?« fragt er und schaut auf mich wie auf einen Dieb, der sich nach Bojberik ohne Billett durchschmuggeln wollte. »Also, wo ist Euer Billett?«

Ihr werdet noch verwirrter. Ihr sucht überall nach dem Billett. Ihr sucht im Rohr vom Samowar, Ihr greift nach der hinteren Hosentasche – kein Billett! Mein Weib sieht, daß Ihr nach etwas sucht und fragt Euch:

»Was hast du schon wieder verloren? Schau nur nach deiner goldenen Uhr. Hast du noch überhaupt eine Uhr, oder hast du nur noch ein Loch und keine goldene Uhr mehr?«

»Gar nichts habe ich verloren, nur meinen Kopf!« antwortet Ihr zornig, packt das Rohr vom Samowar und schleudert es zum Fenster hinaus. Mich selbst also hatte ich zu zählen vergessen. Damit sind wir dreizehn, und dreizehn ist keine gute Zahl.

So ungefähr verlief unsere Fahrt von Jehupetz nach Bojberik in die Sommerfrische.

4.

Man bringt uns von allem Guten in das Sommerhaus.
Es stellen sich uns Juden in Mengen vor.
Ich werde mit dem Sohn des Schochet bekannt.

Noch waren unsere Bündel nicht ausgepackt, noch hatten wir keine Gelegenheit uns umzusehen, wo in aller Welt wir uns befinden, als man anfing, uns von allem Guten in das Sommerhaus zu tragen: Geflügel, Enteneier, Gartenfrüchte, Milchprodukte, Gesalzenes, Geräuchertes und alle Arten anderer Waren: Kolonialwaren, Galanteriewaren, Rauchwaren und was sonst noch der Mund aussprechen kann.

»Was sagst du dazu, Chaje-Ettl?« frage ich mein Weib.

»Was soll ich sagen?« sagt sie, »der Teufel hole des Geldes Vater ...«

Später begannen Juden auch ohne Waren sich einzustellen. Der eine hinein, der andere heraus, und wir machten Bekanntschaften.

»Scholem Alejchem! Zu einer guten Stunde«, ruft uns ein Jude zu.

»Alejchem Scholem, was habt Ihr Neues zu bringen?«

»Gar nichts, ich bin ein Jude von der Holzbranche. Ich wollte fragen, ob Ihr nicht vielleicht Holz braucht?«

Nach diesem Juden kommen Weiber und stellen sich uns vor: Eine verkauft Milch, die andere Käse und die dritte Geflügel, eine andere Semmeln. Jede mit einer anderen Empfehlung. Dann kommen Arme zu Paaren und auch einzeln, Gemeindediener mit ihren Weibern beinahe wie in Berditschew.

»Es scheint, daß es bei Euch in Bojberik ein hübsches bißchen Juden gibt«, sage ich.

»Unberufen«, sagt zu mir ein langbeiniger junger Mann mit einer schläfrigen Stimme, mit einem blassen Gesicht und in einem langen sackartigen Gewand, das er *Mantinelle* nennt, als würde er sagen wollen: »Wollt Ihr, bin ich ein Chussid in einem Kaftan, wollt Ihr, bin ich ein Aristokrat mit einer Mantille.«

»Wieviel Juden zum Beispiel«, frag ich ihn, »befinden sich hier?«

»Fragt lieber«, sagt er, »wieviele, mit Vergebung, Nichtjuden sich hier befinden.«

»Schaut so aus«, sage ich, »daß bei Euch hier das wahre Land Israel ist. Juden dürfen sich hier wohl frei bewegen?«

»Ach woher«, sagt er, »Juden dürfen hier auf keinen Fall wohnen.«

»Wieso dann«, sage ich, »wohnt man hier, wenn man es nicht darf?«

»Ihr seht doch«, sagt er zu mir.

»Was seid Ihr?« frage ich den jungen Mann.

»Was ich bin?« sagt er zu mir. »Ein Jude.«

»Das sieht man«, sage ich, »daß Ihr, Gott behüte, kein Christ seid. Ich meine, wer seid Ihr?«

»Wer ich bin?« sagt er. »Ich bin der Sohn des hiesigen Schochets.

»Womit handelt Ihr?« frage ich ihn.

»Womit ich handle?« sagt er. »Vielleicht werde ich einmal handeln. Derweil, heißt es, handle ich noch mit nichts.

»Was braucht Ihr dann?«

»Was ich brauche? Ich bin gekommen, heißt es, Euch zu bitten, etwas für die Talmud-Thoraschule zu spenden.«

»Ihr habt da«, sage ich, »in Bojberik auch eine Talmud-Thoraschule?«

»Eh«, sagt er, »es wäre schon ganz gut, wenn wir hier eine Talmud-Thoraschule hätten.«

»Habt Ihr«, sage ich, »heißt es, keine Talmud-Thoraschule? Wofür denn sammelt Ihr Geld?«

»Wofür wir Geld sammeln? Für die hiesige Talmud-Thoraschule.«

»Wenn Ihr kein Geld habt, wieso kommt Ihr dann zu einer Talmud-Thoraschule?«

»Nu, Ihr seht doch...«

»Wozu hast du dich mit dem Schlemiehl dort in ein Gespräch eingelassen?« schreit mein Weib aus der Stube mir zu. »Vielleicht wäre es ratsam, wenn du dich her bemühst und mir mit dem Auspacken der Sachen hilfst. Die Möbel im Sommerhaus aufstellen, Nägel in die Wand schlagen ...«

Ich verabschiede mich von Schochets Sohn und begebe mich in die Stube, Nägel in die Wände zu schlagen.

5.

Ich schlage Nägel in die Wände.
Mein Weib macht mich ein wenig
mit den Nachbarn bekannt.

Nägel in die Wände schlagen, das ist mein Leben! Sobald ich eine leere Wand sehe, muß ich sie von oben bis unten mit Nägeln beschlagen. Was kann ich dafür? Ich habe, scheints, eine solche Schwäche: Ich kann keine Wand ohne Nägel sehen.

»Wer klopft dort?« höre ich eine Stimme jenseits der Wand.

»Was ist das für ein Klopfen, was?« hört man eine Stimme von der anderen Seite.

»Den ganzen Tag lang soll ein Jude andauernd Nägel in die Wand schlagen!« hört man von hinter der dritten Wand.

»Mit dem Kopf in die Wand!« hört man eine Weiberstimme von hinter der vierten Wand.

»Chaje-Ettl«, rufe ich meinem Weib zu, »weißt du nicht, wer dort so quietscht?«

»Warum soll ich nicht wissen?« sagt mein Weib. »Es dürfte das Weibl aus Grejdik sein, die der Mann verlassen hat. Sie hat kranke Augen und fährt zweimal in der Woche in die Stadt zum Doktor Mandelstamm, der ihr die Augen mit Lapis ätzt.«

»Woher weißt du das alles?« frage ich mein Weib.

»Warum sollte ich es nicht wissen?« sagt sie. »Ich habe mich schon mit allen Nachbarn bekannt gemacht. Die Küchen sind hier alle gemeinsam. Wir haben hier von allen Sorten: Jehupetzer *Stokraten,* reiche Leut und einfache Bürger. Du findest hier einen Schnittwarenkrämer aus Podol, einen Kontoristen vom Chrischtschatek, einen Makler aus Berlines, einen Nachhilfelehrer, der Stunden gibt, einen Sänger von der Chorschule, zwei Studenten, drei junge Weiber und eine Litauerin.«

»Ein ganzer Tiergarten«, sage ich leise.

»Die Weiber sind sehr feine, anständige Weiber. Fremde, keine Hiesigen. Sie sind zur Kur hergekommen. Eine ist aus Swenirodke, mager wie ein Stecken, hustet nebbich ganze Nächte. Die andere ist eine Rostopolierin mit einem verbundenen Fuß. Die dritte ist das Weibl aus Grejdik, der Doktor Mandelstamm die Augen mit Lapis ätzt. Und die Litauerin ist ebenfalls ein feines Weibl. Hat, nicht dir gedacht, mit den Zähnen zu tun. Sie klettert vor Schmerz die Wände hoch!«

»Bei ihr soll es bleiben!«

»*Bei ihr soll es bleiben?* Was hast du gegen sie? Kennst du sie denn? Weißt du etwas über sie? Sie ist gerade eine sehr feine, anständige und ehrliche Person.«

»Möglich«, sage ich, »es kann sehr leicht möglich sein.«

»Was heißt«, sagt sie, *»es kann sein?* Was für eine Redensart ist *kann sein?«*

»Ruhig, ruhig«, sage ich, »schrei doch nicht so.«

Es tritt eine Jüdin auf einem Fuße hüpfend ein.

»Das ist die Rostropolierin mit dem verbundenen Fuß«, sagt zu mir mein Weib und geht ihr mit freundlichster Miene entgegen.

6.

Ein Weibl mit verbundenem Fuß
und mit vielen Krankheiten.
Sie überschüttet einen mit Worten.
Ich flüchte in den Wald.

»Setzt Euch, sitzt, warum sitzt Ihr nicht?« sagt mein Weib zu dem Weibl mit dem verbundenen Fuß und schiebt ihr einen Stuhl unter.

»Meinetwegen!« sagt jene, setzt sich hin, streckt den verbundenen Fuß aus und fährt seufzend fort:

»Wißt Ihr nicht, wer dieses Bojberik erdacht hat? Luft, *Schmuft*, alter Schnee! Schon bald eine Woche, daß ich hier herumsitze und nicht die geringste Erleichterung!« Sie zeigt mit ihrem kleinen Finger, um wieviel es ihr *nicht* besser geworden ist. »Die Ärzte sollen genauso über ihre eigene Gesundheit Bescheid wissen, wie sie wissen, was mir fehlt!«

»Was ist eigentlich Eure Krankheit, wofür die Ärzte Sommerfrische verordnet haben?«

»Meine Krankheit?« sagt das Weibl und rückt ihren

verbundenen Fuß zurecht. »Es wär schon gut, ich hätte nur eine Krankheit. Das Unglück ist, es gibt keine Krankheit in der Welt, die ich nicht habe. Und wenn Ihr mich fragt, was mir wehtut, weiß ich es selbst nicht. Ich wohne mit einem Weibl aus Swinirodke. Sie hat mit der Lunge zu tun. Was ist schon dabei? Wenigstens weiß sie, was ihr fehlt. Oder nehmt, zum Beispiel, das Weibl aus Grejdik, die ein Augenleiden hat. Sie weiß, daß sie zweimal in der Woche zu Mandelstamm, dem Doktor, fahren muß und daß Mandelstamm, der Doktor, ihr die Augen mit Lapis ätzt – und Schluß! Oder zum Beispiel die Litauerin mit ihren Zahnschmerzen. Es ist wirklich sehr schlimm, wenn einem ein Zahn wehtut, geschweige denn, wenn der Zahn tobt – nicht für mich gesagt –, wenns im ganzen Gesicht reißt! Man kann sogar sagen, daß es bei ihr solch ein Rheumatismus ist, nicht mir zugedacht. Sie hats von einer Erkältung. Im Bade hat sie es erwischt. Und jetzt klettert sie leere Wände empor. Ich bin stärker, aus Eisen, wenn ich ihr Geschrei ertrage. Und wer ist schuld daran, wenn nicht die Mannsbilder?«

Bei diesen Worten wirft sie einen bösen Blick in meine Ecke. »Wenn ich solche Zahnschmerzen hätte, würde ich meinem Mann alle seine Zähne aus dem Mund ziehen!«

»Was hat der Mann«, sag ich, »gesündigt, wenn das Weib Zahnweh hat?«

»So? Wahrhaftig?« sagt das Weibl, stellt den verbundenen Fuß vor und rümpft die Nase. »Und euch Männern Kinder kriegen, ist gar nichts? Sie austragen, sie säugen, sie entwöhnen, ihre Pocken und Masern durchmachen, ihr Zahnen, ihnen Breichen kochen, Windeln waschen, Hemdchen nähen, Söckchen stopfen, Kopf waschen, sie baden, kämmen und frisieren? Nicht wahr vielleicht? Das wollt ihr euch wohl nicht gern anhören? Ihr habt, sagt ihr, keine Zeit. Wollt, sagt ihr, mit den Kindern im Wald spazieren gehn? Was euch nicht paßt, hört ihr nicht? Wir kennen euch! Wir sind uns über euch im klaren! Macht nichts, die Wahrheit darf man sogar dem eigenen Vater sagen.«

7.

Meine Familien-Bande.
Jeder mit seinem eigenen Paradies.
Der Smargoner Heiratsvermittler erteilt mir einen Rat.

Meine Familie besteht wie oben angeführt aus unberufen acht Personen. Drei Mädchen, die ältere schon zum Ausgeben, zwei jüngere und drei Jungen. Alle haben sie sich in den bitteren Jahren nebbich genug abgerackert, sich gründlich mit Not vollgegessen, alle wollen jetzt die guten Tage genießen und mit uns zusammen das Paradies auskosten. Aber jeder von ihnen stellt sich das Paradies anders, seinem eigenen Verstande nach, vor: Zum Beispiel ist das Paradies für meine ältere Tochter ein Doktor und dazu noch aus Jehupetz, die zweite Tochter möchte einen Juristen haben und ausgerechnet aus Odessa und die dritte einen Ingenieur mit Position, er kann von wo immer sein. Das Paradies für meine drei Jungen ist wieder ein ganz anderes Paradies, und zwar ist der eine davon überzeugt, daß es nichts Besseres auf der Welt gibt als Reiten. Der zweite hat große Lust auf ein Fahrrad: »Wenn Papachen sagt, daß er mir in der Sommerfrische ein Fahrrad kauft, bin ich der Glücklichste!« Und der dritte begnügt sich mit einem roten Hemd und glänzenden Stiefeln, die Hosenbeine in den Stiefelschäften, und mit einem Hündchen, das hinter ihm herläuft. Und man muß all das kaufen, denn meinem Weib – sie soll gesund sein – ist jedes Kind so teuer, jedes ist von ihr verwöhnt, daß sie bei ihr, was immer sie wollen, haben können. Besonders jetzt, wenn Gott geholfen hat, daß man es sich leisten kann. Warum soll man knausern?

Hier ist allerdings nur von Dingen die Rede, die man für Geld kaufen kann. Aber Partien für die Töchter? Was tut man mit Partien? Ein Doktor und der noch aus Jehupetz? Ein Jurist ausgerechnet aus Odessa? Und ein Ingenieur mit Position? Das heißt, wenn man sichs recht überlegt, kriegt man für Geld soviele Doktoren, Juristen und Ingenieure, wie Ihr wollt! Seit bekannt wurde, daß ich die paar dicken Tausender habe, haben mich Heiratsvermittler aus aller Welt mit Briefen überschüttet. Der Smargoner Vermittler hat mir bereits die Türen eingerammt; er hat mir siebenundzwanzig Partien vorgeschlagen und hat mich auch schon beschimpft.

»Was kann ich dafür«, sage ich zu ihm, »wenn meine Töchter auf keinen Fall Bräutigame durch Vermittlung haben wollen?«

»Was denn«, sagt er, »wollen sie?«

»Sie wollen«, sag ich, »es soll sich etwas ergeben durch eine Begegnung, eine . . . Liebe . . .«

»So?« sagt er. »Sie sind es bei Euch nicht anders gewöhnt? Es gelüstet sie nach Liebe? Werde ich Euch einen Rat geben: Sie sollen bei Euch auf den Fensterbrettern schlafen, wird man sich Eurer erbarmen, man wird sie Euch wegstehlen und mit ihnen davonlaufen.«

In anderen Zeiten hätte ich den Smargoner Vermittler mit dem Kopf voran durch die Tür geschmissen, doch wenn man ausgewachsene Töchter hat und noch drei

Stück gleichzeitig, muß man schlucken und schweigen.

Ganz im geheimen muß ich Euch sagen, zu neunundneunzig Prozent sind wir nur der Töchter wegen nach Bojberik gekommen. Vielleicht erbarmt sich Gott, und es wird uns die rechte Partie zufallen, denn in Bojberik kommen die feinsten Partien aus Jehupetz zustande. Es versteht sich von selbst, daß in der Sommerfrische die Welt offen ist. Der Wald ist genügend groß. Die Bahnstation ist immer voll Menschen. Es gibt auch einen Park, ein Theater. Jungen und Mädchen begegnen einander zehnmal am Tag, lächeln und winken einander zu und lassen sogar einige Worte fallen. Später wird man bekannt, man geht ein bißchen im Wald spazieren, ein bißchen rudert man im Kahn, und man singt Lieder. In der Nacht sitzt man bei Mondenschein, zählt die Sterne, seufzt – und das traditionelle Tellerbrechen erfolgt dann schon in Jehupetz bei der Verlobung.

8.

Der Bojberiker Wald
mit allen seinen Geschöpfen.
Verschiedene Pärchen.
Die Bäume sind diskret und halten ihre Geheimnisse.

Wenn Ihr glaubt, der Bojberiker Wald ist ein Wald wie alle Wälder, dann irrt Ihr Euch. Ihr könnt hier allein spazieren, soviel Ihr wollt. Ihr braucht Euch keine Gedanken zu machen. Es werden Euch, Gott behüte, keine

Räuber überfallen. Ihr werdet auch keinem Wolf begegnen, keiner wilden Ziege und keinen Raubtieren. Ihr könnt hier aber anderen Geschöpfen begegnen: Einem asthmatischen Juden, der durch den Wald streift, sich räuspert und spuckt; einer kranken Jüdin nebbich, die sich an einem Baum stützt und mit Lust hustet oder auf der Erde liegt und japst; und noch anderen solchen Wesen, die sich quälen und nicht sterben wollen, die an Wunder glauben, an Ärzte, Rezepte, Wälder, Luft und ähnliche Illusionen. Kranke, die Geld haben, liegen in Hängematten, eine Art Wiegen, die an Bäumen festgebunden sind und wie hängende Gräber aussehen.

Juden lieben Gemeinschaft. Sie mögen noch so krank sein, sie lieben es nicht, abgesondert zu sitzen, sondern alle zusammen. *Was einem Gott gibt, die Hauptsache zusammen.* Es gibt Stellen im Bojberiker Wald, die als Klubräume dienen und – vergebet den Vergleich – als Bethäuser, wo sich die Kranken nebbich ein wenig zusammenfinden können, ein wenig sitzen – ein wenig sitzen heißt, ein wenig reden, und ein wenig reden heißt, ein wenig tratschen.

Während ich mit den Meinen im Wald spaziere, entdecken wir von weitem eine Gruppe Juden und Weiber in verschiedenen Positionen herumsitzend und wie Leichen aussehend.

»Mojsche, du weißt nicht, wer es ist?« sagt einer und zeigt mit den Augen auf uns.

»Woher soll ich das wissen? So soll ich von Bösem wissen?« antwortet Mojsche und kriegt einen Hustenanfall.

»Schsch!« zischt ein zweiter. »Es dürften die neuen Sommergäste sein, die heute morgen in das große Haus eingezogen sind.«

»Wenn es so ist«, sagt ein anderer, während er sich auf seine dürren Ärmchen, die wie zwei Stäbe aussehen, stützt und sich vom Boden erhebt, »wenn es diejenigen sind, die ihr meint, werde ich euch etwas Schönes erzählen.«

Sobald sie vernommen haben, daß man dabei ist, etwas *Schönes* zu erzählen, werden alle *Leichen* lebendig. Derjenige, der sich mit den dürren Ärmchen aufgerichtet hat, hustet ausführlich aus und erzählt der ganzen Gesellschaft etwas ganz leise. Alle hören sich das vergnügt an und richten dabei ihre Blicke auf mich und meine Töchter.

»Breine«, fragt laut eine der Jüdinnen die andere, »welches Mädchen von den dreien gefällt Euch besser?«

»Die Mittlere«, antwortet ihr Breine ebenso laut. »Nicht wahr, die Mittlere, Sure-Sissl?«

»Nein«, sagt Sure-Sissl, »die Mittlere hat nur schönes Haar und sonst nichts. Mir gefällt die Kleinere. Hätte die Kleinere nicht diese Nase, wär sie eine Schönheit.«

»Schsch!« zischt einer der Mannsbilder die Weiber an, »hör dir an, wie sich die Gänse zerschnattern.«

Wir gehen weiter und begegnen im Walde verschiedenen anderen Wesen. Sie sitzen um grüne Tischchen herum, spielen *Oka* und *Sechsundsechzig* und dreschen die Karten auf den Tisch.

»Einen Dreier auf Drei?«

»Nu?«

»Und einen Dreier auf Drei?«

»Nu?«

»Redet schon. Was habt Ihr?«

»Drei Buben.«

»Mist! Und Ihr, was habt Ihr?«

»Drei Schicksen!«

»Spuckt ihnen ins Gesicht! Könige sind wichtiger.«

»Hundertunddreißig?«

»Meine!«

»Hundertfünfunddreißig?«

»Ich passe! Soll Gott Euch helfen!«

»Was ist Trumpf?«

»Treff ist Trumpf«, schreien alle in einem Atemzug.

»Vierzig und zu den Vierzig und über die Vierzig und jenseits der Vierzig.«

»Und der Pik-König ist ein Hund?«

»Ein Hieb dir in die Schnauze!«

»Remis.«

»Benützt es in Gesundheit!«

Diese Wesen, scheint es, denken nicht mal an den Tod. Unter ihnen gibt es solche, die aus Jehupetz nach Bojberik nicht des schönen Waldes und nicht der gesunden Luft wegen kommen, sondern vornehmlich wegen *Oka* und *Sechsundsechzig.*

Weiter im Walde begegnen wir Pärchen, Jungen und Mädchen. Jedes lustwandelt auf seine eigene Fasson.

Eines der Pärchen, Arm in Arm, tut sehr freundlich; sie schaut ihn an, er schaut sie an, und zusammen singen sie ein fremdartig klingendes russisches Lied und tanzen zum Takt.

»Ich liebe Kraut, Rettich und Most,
Doch mehr als alles lieb ich Euch.
Ich vergöttere Euch,
Ich vergöttere Euch . . .

Ein anderes Pärchen übt sich scheinbar im Laufen, oder aber es spielt *Fangen:* Sie läuft, und er läuft ihr nach, er will sie fangen, doch sie entwischt ihm.

Das dritte Pärchen hat die Rollen vertauscht. Er hat ihr

Mäntelchen um, und sie seinen Hut auf. Und was soll einer dagegen machen?

Andere wieder gehen wie Verrückte herum und schreien aus allen Kräften: »Ah, au! Ah, au!«, und das Echo antwortet ihnen aus der Ferne im Walde: *Ah, au ...!*

Ruhe. Der Wald steht wie ausgestorben da. Es geht ihn nichts an. Stille. Aufrecht und würdevoll stehen die hohen Tannen mit ihren grünen, wohlriechenden Nadeln und schauen zum lauteren, blauen Himmel empor. Seid sicher, von ihnen werdet Ihr nichts erfahren ...

Wißt Ihr, was ich Euch sagen werde? Ich habe den starken Verdacht, daß der Bojberiker Wald ein besserer Heiratsvermittler ist als der Smargoner und alle anderen Heiratsvermittler der Welt.

9.

Das Essen im Freien.
Bettler spekulieren.
Des Rostropolers Weibs Mann.
Damen und ihre Redensarten.

Aus dem Wald zurück fanden wir einen schon gedeckten Tisch auf der von allen Seiten mit grünen Blättern bewachsenen Veranda vor, und wir setzen uns an den Eßtisch, zum ersten Mal in der freien Luft. Ein ganzer Chor von Vöglein, *Gratis-Musikanten*, singen uns zum Essen etwas vor. Sie piepsen, zwitschern und trällern in tausend Weisen, hüpfen immer wieder einzeln auf den Tisch und fliegen dann davon.

»Chaje-Ettl!« sage ich zu meinem Weib. »Was sagst du dazu? Nach so einem Spaziergang im Wald in freier Luft zu essen, ist gar nicht so schlecht, scheint mir.«

»Was soll ich sagen?« antwortet sie mir. »Ich habe dir schon oft gesagt, der Teufel hole den Vater des Geldes! Ein Nachteil nur, daß es zu frei ist, zu offen und alle wissen, was beim anderen gekocht wird. Das Grejdiker Weibl, dem Mandelstamm, der Doktor, die Augen mit Lapis ätzt, war schon bei uns in der Küche in allen Töpfen drin, und das Rastropoler Weibl hat bei den Dienstmägden ausgeforscht, wie es bei uns von der ersten Stunde nach unserer Hochzeit bis jetzt zugegangen ist.«

»Juden, schenkt ein Almosen!« rufen einige Bettler wie aus einem Munde und ziehen in einer langen Reihe einer hinter dem anderen vorüber.

»Woher seid Ihr?« frage ich einen von ihnen.

»Aus Jehupetz«, antwortet er mir.

»Wohnt Ihr, heißt es, hierorts?«

»Gott behüte«, sagt er, »wir kommen mit der Bahn immer her.«

»Das kostet Euch doch Spesen?« sage ich. »Bringt Ihr wenigstens das ein, was es Euch kostet?«

»Je nachdem«, sagt er. »Einmal schlägt man die Spesen heraus, und ein andermal setzt man zu, wie es bei jedem Geschäft zugeht. Jedes Geschäft ist eine *Spegelation.* Wir *spegelieren.*«

»Scholem Alejchem, gesegnet sei Eure Bleibe!« ruft ein blonder junger Mann mit einer seidenen Mütze und mit einem breiten, kurzen Gebetsmantel. Er stellt sich zur Seite, uns gegenüber, schaut uns beim Essen zu und raucht dabei eine Zigarette.

»Alejchem Scholem«, sage ich zu ihm, »kommt mitessen!«

»Esset in guter Gesundheit«, sagt er zu mir und raucht weiter.

»Woher seid Ihr?« frage ich ihn.

»Ich bin«, sagt er, »aus Rostropoli. Ich bin, heißt es, mein krankes Weib besuchen gekommen. Sie wohnt im gleichen Sommerhaus wie Ihr.«

»Seid Ihr, heißt es, der Mann vom Rostropolier Weibl? Wie ist Euer Name?«

»Chaim-Wolf.«

»Wolltet Ihr mir etwas sagen, Chaim-Wolf?«

»Nein«, sagt er ganz ernst zu mir. »Ich sah Euch essen und bin eigens zu Eurem Tisch gekommen, um zu sehen, wie ein Jude baren Hauptes ißt.«

»Genau«, sage ich, »dieselbe Geschichte, die sich in Konotop zugetragen hat. Vor kurzem kam Euer Rostropolier Rebbe zu uns. Da kam zu ihm ein *Misnugid,* daß heißt ein *Antichussidist,* Reb Mojsche Konotoper, der nicht viel auf Rebbes gibt, legt ihm einen Rubel hin und schweigt. Fragt ihn der Rebbe: ›Was willst du damit sagen?‹ Antwortet er mit keinem Wort und legt dem Rebbe noch einen Rubel hin. Fragt ihn der Rebbe wieder: ›Was ist dein Begehr?‹ Sagt Mojsche: ›Nichts, ich wollte bloß sehen, wie ein Jude für nichts Geld nimmt‹...«

Des Rostropolier Weibls Mann kehrt mir den Rücken, spuckt aus und geht weg.

»Was sagst du, Chaje-Ettl, zu deines Rostropolier Weibls Mann?«

»Was soll ich sagen?« sagt sie. »Deine Jehupetzer Aristokratinnen mit den brillantenen Ohrringen, die hier in der Sommerfrische wohnen, sind nicht besser. Den ganzen Tag lang hört man von ihnen nur *Hahaha* und *Hihihi.* Es gibt hier bei uns eine Dame mit Brillanten, eine, die sogar dauernd mit einem Buch in der Hand sitzt.

Das solltest du gesehen haben, was sie wegen eines Hühnchens aufgeführt hat! Es schien ihr, daß ihre Nachbarin, auch eine Dame mit Brillanten, es bei ihr gestoh ...«

Man hört plötzlich das quietschende Lachen einer Dame, und man hat das Gefühl, daß es ein gekünsteltes Lachen ist.

Die andere Dame schreit und schimpft, wobei bei ihr ganz sonderbare Worte kommen:

»Du Quietscherin, Affengesicht, Bucklige, Räudige, Rotzige du!«

»Oho!« sage ich. »Sie beherrscht die Sprache ganz gut!«

»Solltest aber sehen«, sagt zu mir mein Weib, »wie sie zu mir nicht Jiddisch sprechen will. Nur Russisch und nur Deutsch. Eher würde sie die Zunge verschlucken und davon krank werden ...«

10.

Eine heiße Wand im Sommerhaus.
Das Lied einer Nachtigall
und die Gedanken eines Kaufmanns.

Ermüdet und geplagt vom Tage sind wir wie die Garben im Feld hingefallen und haben uns schlafen gelegt. Nach ein paar Stunden Schlaf träume ich, ich sei in einem Schwitzbad ganz oben auf der obersten Bank, und man peitscht mich mit einem Bündel weicher Ruten. Ein wahrer Genuß!

»Mehr Dampf her!« schreie ich mit aller Kraft aus dem Schlaf. »Dampf! Dampf! Dampf!«

»Gott ist mit dir! Warum schreist du? Was ist mit dir?« sagt mein Weib und weckt mich aus dem Schlaf.

»Eine eigenartige Hitze«, sage ich, »in unserem Sommerhaus. Ich liege hier schweißüberströmt. Berühre mal die Wand, Chaje-Ettl, sie glüht ja wie ein Ofen.«

»Oj-ein Donner ist mir!« schreit meine Chaje-Ettl und zieht ihre Hand zurück.

»Die Wand ist feuerheiß! Es sieht so aus«, sage ich, »daß bei ihnen die Sommerhäuser mit Backofen ausgestattet sind.«

»Ein weiser Jude!« sagt zu mir mein Weib. »Hast du wo von Sommerhäusern mit Backöfen gehört? Bist du verrückt, unseren Feinden gesagt? Dies ist wahrscheinlich die Wand, an der der Kochherd steht, verstehst du es nicht?«

»Was habe ich davon, daß ich es verstehe? Es ist so heiß, daß man wie Butter zerschmelzen könnte...«

Ich mache mir die Mühe und öffne das Fenster. Ein kühles Windchen dringt in unsere Stube und trägt einen süßen Blumenduft zu uns herein, dazu eine Art von einem ungewohnten Gewürzgeruch. Ich stecke den Kopf zum Fenster hinaus und bleibe wie verzaubert von der selten schönen sternenhellen Sommernacht stehen.

Der dunkelblaue Himmel ist mit Sternen besät wie mit Brillanten, die in die Augen glitzern. Durch das Grün der Bäume, in graue Schäferwolken getaucht, leuchtet ein silberweißer Mond. Die grauen Wolken werden allmählich durchsichtiger und durchsichtiger, bis sie sich wie Rauch auflösen. Der silberweiße Mond bleibt wieder rein und fleckenlos. Von irgendwo aus dem Walde vernimmt man einen eigenartigen Gesang: *Tschri-Tscheri, Kti-tjo-*

tjo, tjoch-tjoch. Ich höre mit angehaltenem Atem zu und erstarre. Schon lange Zeit habe ich solch einen Gesang nicht mehr gehört. Das ist *sie*, die süße Nachtigall, die nächtliche Sängerin, die sich über den ganzen Wald hören läßt, die in Euch tief verborgene, langerstorbene Gefühle erweckt, seltsame Gedanken hervorruft, Gedanken, welche auf keinen Fall mit einem Geschäftchen, einem Verdienstchen oder einem Rubel etwas gemeinsam haben.

Ich versetze mich mit meinen Gedanken in eine andere Welt, weit, weit von hier, zu meinen kindlichen, närrischen aber glücklichen, glücklichen Jugendjahren, die nie mehr, nie mehr wieder zurückkehren werden. Eine Weile lang werde ich zu einem anderen Menschen. Ich habe keine Lust, mich von hier wegzurühren. Am liebsten würde ich die ganze Nacht so dastehen. Aber plötzlich kehren zu mir die früheren, die beständigen, alltäglichen Gedanken zurück. Weib und Kinder, herangewachsene Töchter, Kopfzerbrechen, Sorgen, ein Geschäftchen, ein Rubel . . .

›Man kann nicht leugnen‹, denke ich, ›sie singt nicht schlecht, die Kleine. Aber daß ein berufstätiger Mensch, der ein Geschäftchen und einen Rubel im Sinne hat, sich für eine ganze Nacht hinsetzen sollte, um auf den Mond zu gucken, die Sterne zu zählen und zu horchen, wie die Nachtigall singt . . . Pfui!‹

Ich lasse einen Fensterflügel offen und gehe wieder zu Bett.

11.

Alle Sorten Galanteriewaren.
Ein kaltes Bad.
Des Rostropoliers Weibls Mann
schlägt einen Kompromiß vor.

»Galanteriewaren!« schreit mir jemand direkt ins Ohr. »Veilchenseife, gute Seife! Vielleicht braucht Ihr feine Seife?«

»Seife? Was für Seife?« rufe ich erschrocken, setze mich in meinem Bett auf, wische meine Augen und erblicke vor mir ein schwarzes hündisches Antlitz mit einer Stumpfnase.

»Welche immer Ihr wünscht«, sagt zu mir das schwarze Antlitz. »Veilchen, Brokar, Puls oder gar Patschuli? Feine, wohlriechende? Wählet aus und kauft, billig.«

»Wer ist hier? Was ist hier los? Gewalt, Gewalt!« Meine Frau erwacht und schreit. Beim Anblick des schwarzen Antlitzes im Fenster fällt sie in Ohnmacht.

»Gott ist mir dir!« sage ich zu ihr und muntere sie auf. »Es ist nichts, gar nichts. Es ist nur ein Galanteriehändler.«

»Madam«, wendet sich der Galanteriehändler lachend zu meinem Weib, »warum seid Ihr so vor mir erschrokken? Trage ich vielleicht Hörner?«

»Wie kriecht so ein Jude«, sage ich zu ihm, »in ein fremdes Fenster, während die Leute noch schlafen?«

»Wenn man auf der Sommerfrische ist«, sagt er, »muß man früh aufstehen.«

»Und was, wenn wir«, sage ich, »die ganze Nacht nicht geschlafen haben?«

»Was denn habt Ihr getan?«

»Das ist nicht Eures Vaters Angelegenheit«, sage ich. »Gehet in Gesundheit.«

»Ich frage Euch nicht«, sagt er, »wann ich gehen soll. Schau mal die vornehmen Leute an! Kommen nach Bojberik angefahren und breiten sich aus wie in Vaters Weingarten! Nicht genug, daß man ihnen von allem Guten ins Haus bringt, sind sie noch unzufrieden!«

»Ihr seid«, sage ich, »ziemlich unverschämt.«

»Unverschämt?« sagt er mit einem Lächeln. »Was heißt da unverschämt? Ich sehe, Ihr seid ein böser Jude. Madam, gebt mir etwas zu verdienen! Kauft vielleicht eine Brosche, Madam, etwas Besonderes. Man trägt so etwas heute hinten ...«

Ich kann es nicht länger ertragen. Ich greife einen Krug mit Wasser und schütte ihn über seinem Kopf aus. Darauf schlägt er Lärm und schreit so, daß alle Nachbarn, Nachbarinnen und Dienstmägde zusammenlaufen, und es entsteht ein Rummel und ein Tumult. Die Leute lassen mich wissen, daß man so mit einem armen Juden nicht umgeht.

»Eins von beidem«, sagen sie. »Ihr wollt nicht kaufen, kauft nicht. Aber einen armen Galanteriehändler mit Wasser übergießen, pfui, das tut ein anständiger Mensch nicht.«

Bei diesen Worten verkündet der Galanteriehändler, daß er sofort zum Polizisten geht – Punktum! Soll der Polizist dann machen, was ihm beliebt...

Da mischt sich des Rostropolier Weibls Mann ein und vermittelt zwischen uns. Ich soll den Galanteriehändler um Entschuldigung bitten und ihm sogar etwas abkaufen, damit er etwas Lösegeld kriegt.

»Es ist nur recht«, sagt des Rostropolier Weibls Mann,

»einem Juden etwas zum Verdienen zu geben. Hört Ihr, es ist eine viel gottgefälligere Tat, als baren Hauptes zu essen ...«

»Gerecht, gerecht«, unterstützt ihn die ganze Gesellschaft.

»Wenn du es wagst«, sagt mein Weib zu mir, »auch nur um zwei Groschen etwas bei diesem Juden zu kaufen, wird die Hölle los sein.«

12.

Der Bojberiker Wald am Morgen.
Juden und Weiber vom Senatorium.
Man läßt nicht spucken, und man vergeht
nach einem bißchen Roterübensuppe.

Am frühen Morgen – die Welt liegt noch im Schlaf – ist der Bojberiker Wald ein wahres Vergnügen. Er sieht wie ein schöner, reiner, frischfrisierter, aufgeputzter Bräutigam aus. Die Kreaturen und Geschöpfe, die sich hier den ganzen Tag herumtreiben, sieht man noch nicht. Man hört bloß das Zwitschern und Pfeifen von tausend Geschöpfchen. Sie singen, summen und trällern und hüpfen von Zweig zu Zweig, fliegen von Baum zu Baum. Sie tauchen und baden in den Tautröpfchen, die noch an den Blättern hängen und in der hellen, warmen Sonne wie Diamanten glitzern. Plötzlich entsteht ein Geschrei in einer Vogelschar, eine Schlägerei, ein Gequietsche, ganz fürchterlich.

Was ist da los? Man streitet über ein Würmchen. Ein

Vögelchen hat ein Würmchen gefunden und hat sich mit seiner Beute auf einem Zweig abgesondert. Es späht mit seinem Köpfchen nach allen Seiten und ist dabei, sich einen Imbiß zu genehmigen. Gleich bemerkt es ein anderes Vögelchen und hüpft herbei.

»*Ziep, ziep*. Wo hast du so früh am Morgen ein Würmchen erwischt?«

»*Ziep, ziep*. Wo immer ich es erwischt habe, die Hauptsache ist, ich habe es erwischt.«

»*Ziep, ziep*. Gib mir auch ein Stückchen.«

»*Ziep, ziep*. Such, schnüffle, finde und fange, wirst du auch eines haben.«

»*Ziep, ziep, ziep*. Kommt her, werdet Ihr etwas sehen«, schreit ein drittes Vögelchen zu den anderen und streckt sein Köpfchen.

»*Ziep, ziep, ziep*. Was ist da los? »fragen die anderen, die auf das Geschrei hin zusammengeflogen sind.

»*Ziep, ziep, ziep*. Ein Würmchen!« schreit ein Vögelchen.

»*Ziep, ziep, ziep. Ziep, ziep, ziep*. Ein Würmchen, ein Würmchen, ein Würmchen!« schreien alle zusammen wie aus einem Schnabel.

Einige überfallen das Vögelchen mit dem Würmchen, während andere sich seiner annehmen. Das Vögelchen läßt das Würmchen los. Ein wildfremdes Vögelchen kommt geflogen, schnappt das Würmchen und fliegt davon. Das arme Vögelchen bleibt nebbich betrübt stehen, läßt die Flügelchen hängen, bläht sich auf, zittert und flattert.

Es wetzt sein Schnäbelchen an einem Zweiglein, breitet seine Flügelchen aus und *brrr* – es begibt sich auf Suche nach einer anderen Speise, um endlich etwas in den nüchternen Magen zu bekommen.

Auch unten auf dem Waldboden ist es nicht still. Es springen, laufen und kriechen Tausende von verschiedenen Wesen, kleine Fliegen, Käfer, Würmchen, Schlangen und Eidechsen in allen Farben, Spinnen und Ameisen; eines trägt eine tote Fliege in sein Nest, eine Mahlzeit für die kleinen Kinder; ein anderes ein Gräschen, ein weiteres ein Stückchen Reisig für die Behausung, und wieder ein anderes schleppt einen ganzen Strohhalm, zehnmal größer als es selbst. Alle sind an der Arbeit, sich für den Tag zu versorgen. In der Luft schwirrt eine Unzahl von Mücken, große, freche, die dir ins Gesicht springen, und allerlei farbige Käfer und Käferchen, die vom Winde leben, sich hin und her drehen, nichts weiter tun, als summen und brummen. Sie tanzen auf fremden Hochzeiten, saugen etwas Blut aus und fliegen weiter . . . Alles lebt in der Natur, alles ist beschäftigt mit sich selbst und seinem Magen.

Nach und nach beginnen auch Menschen sich im Wald einzufinden. Es sind dieselben Leute, die gleichen Juden, mit den gleichen Fläschchen, mit den gleichen Hängemattengräbern.

»Ihr seid in Bojberik zur Sommerfrische da?« frage ich neugierig eine Gruppe armer, kranker, verbitterter Juden mit armen, kranken, dürren Weibern, die sich an einem Baum halten und husten.

»Hört die Frage«, antworten mir gleichzeitig einige von ihnen. »Wie kommt zu uns eine Sommerfrische? Wir sind arme Handwerker aus Jehupetz.«

»Was tut Ihr dann hier in Bojberik?« frage ich sie.

»Ach und weh!« sagen sie. »Wir befinden uns in dem hiesigen Krankenkassenverein, den man *Senatorium* nennt.«

»Unentgeltlich?« frage ich.

»Wie denn, mit Bezahlung?«

»Wer gibt denn das Geld dafür?«

»Wer soll es geben?« sagen sie. »Sind die Jehupetzer Reichen zu krank, um Geld zu geben? Besitzen sie vielleicht zu wenig? Gott gebe, daß sie unser Schicksal teilen, dann würden wir sie besser unterstützen als sie uns.«

»Warum?« frage ich. »Geht es Euch hier nicht gut?«

»Ein merkwürdiger Jude seid Ihr«, sagen sie, »geht es uns hier vielleicht gut?«

»Und zwar, was fehlt Euch?«

»Es soll uns das hinzukommen, was uns fehlt! Erstens hat man uns unserem Heim entrissen, von Weib und Kind weggenommen und uns hierher in die Sommerfrische gebracht, wo man uns wie die Gänse stopft. Man füttert uns mit Heilmitteln, mit Milch und mit Kefir, den der Tatare für uns zubereitet, und man zwingt uns, den ganzen Tag im Wald *in der Luft* zu liegen und sich dabei mit keinerlei Sorgen im Kopf herumzutragen. Leicht gesagt!«

»Das ist alles?« sage ich.

»Und das Spucken?« wendet sich ein Jude mit schwarzen Brillen mir zu und hustet. »Und das Spucken ist bei Euch gar nichts?«

»Was für Spucken?« frage ich ihn.

»Das Spucken«, sagt er. »Daß man nicht spucken darf. Ein Jude hustet und möchte ausspucken, schon verwehrt man es ihm. Der Arzt hat Schüsselchen eingeführt, und jeder Kranke muß sein Schüsselchen herumtragen und soll dort hineinspucken. Nu, tut das ein Mensch mit klarem Verstand?«

»Dazu noch die Laken mit dem Bettzeug, mit der Wäsche«, ruft eine kranke Jüdin mit totblassen Lippen. »Der Doktor hat angeordnet, das alles alle Minuten zu wechseln. Habt Ihr schon so einen Wahnsinn gehört? Ich frage nur, was hat eigentlich ein weißes Laken mit meinem Husten zu tun? Und wenn ich auch zehnmal am Tag das Hemd wechsle, werde ich dann zu husten aufhören?«

»Und erst das Essen, das man uns vorsetzt«, bemerkt ein Jüdlein mit brennendem Blick.

»Gibt man Euch denn hier kein Essen?« frage ich ihn.

»Was wollt Ihr? Man soll uns schon gar nichts zu essen geben?« sagt mir das Jüdlein mit dem brennenden Blick. »Man gibt uns wohl Essen, aber heißt alles bei Euch *Essen?* Wir befinden uns hier im Krankenkassenverein, gesegnet sei Gottes Namen, schon den dritten Sommer, und wir vergehen nach einem bißchen Roterübensuppe. Drei Sommer lang füttert man uns hier mit Süppchen, mit Brathühnchen, mit Milch und mit rohen Eiern. Alle Tage wieder Hühnchen, wieder Süppchen, wieder Milch und rohe Eier. Klößchen, sagt man, würden uns zuwider werden. Wir bitten, daß man uns einmal gekochtes Rindfleisch mit Knoblauch reicht, ein wenig eingehackte Zwiebel mit Schmalz, ein Stückchen Rettich, zur Abwechslung uns mal ein bißchen Roterübensuppe reicht, das Herz zu erquicken. Sagen sie: ›Der Doktor erlaubt nicht, Ihr seid doch nicht krank‹, sagen sie, ›daß Ihr nicht gute Koteletts, ein frisches Beefsteak, ein Brathühnchen oder eine Bouillon mit geröstetem Brot essen könnt, mit Milch dazu zu trinken oder Kefir, den der Tatare bereitet.‹ Wozu taugen uns alle diese Speisen, sagen wir. Gebt uns das, was wir mögen. Eins von beiden: Wenn Ihr es unternommen habt, uns mit Wohnung und Bedienung zu erhalten, mit Heilmitteln und mit allem dazu, dann müßt Ihr uns fragen, was *wir* mögen und nicht das, was sich der kluge Doktor ausdenken wird.

Wenn dies hier bei Euch ein Krankenverein sein soll, sagen wir, dann ist es doch ein Krankenverein für uns, für die armen Leute und nicht für die Ärzte. Versucht doch mal, so einen Krankenverein ohne arme Kranke und nur mit Ärzten zu unterhalten! Ist es vielleicht nicht so?«

»*Papascha, Jewreji!* Papa, Juden!« schreien meine jüngeren Kinder und rufen mich aus dem Wald.

Seit ich die paar dicken Tausender erwischt habe und Studenten in meinem Hause verkehren, hat man aufgehört, bei mir Jiddisch zu reden, obwohl die Studenten – sie heißen Chaskilewicz, Knobelmann und Feitelsohn – von Juden stammen, und es geht sogar ein Gerücht um, daß sie selbst Juden sind. Auf sie schauend reden auch unsere Kinder mit uns nicht mehr Jiddisch. Sie sagen, daß man heutzutage nirgends Jiddisch redet. Was kannst du da machen?

13.

Bojberiker Herrschaften.
Talmud-Thoraschule geht allem vor.

Vom Walde zurück treffe ich zwei Juden an, einen niedrigen, dicklichen und einen hohen, mageren.

»Wer seid Ihr?« frage ich.

»Wir sind, heißt es, hiesige Bürger, sind wir.«

»Was bringt Ihr Gutes?«

»Nichts. Wir wollten Euch nur fragen, ob unseres Schochets Sohn bei Euch war.«

»Ein junger Mann in einem langen Rock, mit einer grünen Weste und mit einer weißen Hemdbrust?«

»Ja, ja, ja!« sagen sie. »Hat er Euch gebeten, der Talmud-Thoraschule beizutreten?«

»Gebeten«, bestätige ich.

»Nu, seid Ihr beigetreten?«

»Warum nicht?« sage ich.

»Nu, soll sein. Beigetreten ist beigetreten«, sagen sie und blicken dabei einander an. »Eine Farce mit diesen Kurgästen, die reinste Fax! Wer immer sie um Geld anschnorrt, sie haben nichts zum Lachen, die Kurgäste.«

»Was denn?« sage ich. »Haltet Ihr denn nichts von der hiesigen Talmud-Thoraschule?«

»Was mir Talmud-Thoraschule? Was mir Nudeln? Gibt es denn bei uns in Bojberik arme Kinder, die eine Talmud-Thoraschule nötig hätten? Fragt, wenn es Euch interessiert, den Jehupetzer Melamed, der in den Zeitungen schreibt, dann werdet Ihrs erfahren...«

»Findet Ihr, heißt es, daß ich für die Talmud-Thoraschule gar nichts geben sollte?«

»Was hat es damit zu tun«, sagen sie, »was wir finden? Können wir denn über Eure Tasche verfügen? Und sogar wenn Ihr Euer Geld zum Fenster hinauswerfen wollt, können wir Euch denn daran hindern? Wir sind, Gott behüte, nicht diese Sorte Menschen, die jemanden beschwatzen wollen. Wenn Ihr aber wüßtet, *wer* der Sohn unseres Schochets ist und *was* er ist, würdet Ihr außer Euch geraten... Nehmt es uns nicht übel, daß wir Euch vielleicht belästigt haben. Guten Tag.«

Sie schicken sich zum Gehen an und kehren um.

»Was wir Euch noch bitten wollten, sagt niemand, daß wir Euch von der Talmud-Thoraschule, von Schochets Sohn, dies und jenes erzählt haben. Das alles sagten wir Euch einfach so, damit Ihr es wißt. Versteht Ihr? Guten Tag.«

»Guten Tag.«

Gleich nach diesen zwei Juden kommen andere zwei, einer mit Hut und der andere mit Mütze.

»Wer seid Ihr?« frage ich.

»Wir sind hiesige, heißt es, Bürger sind wir.«

»Was habt Ihr Gutes zu sagen?«

»Eigentlich nichts. Wir wollten Euch nur fragen, ob bei Euch soeben zwei Juden gewesen sind?«

»Ein niedriger«, sage ich, »Dicklicher und ein hoher Magerer?«

»Ja, ja, ja«, sagen sie. »Haben sie nicht vom Sohn des Schochet und von der hiesigen Talmud-Thoraschule erzählt?«

»Was für eine Talmud-Thoraschule?« frage ich. »Gibt es denn bei Euch eine Talmud-Thoraschule?«

»Und noch *was* für eine Talmud-Thoraschule!« sagen sie. »So ein Stück Gold uns gewünscht! Die Juden haben Euch vielleicht erzählt, daß es bei uns keine gibt?«

»Gibt es denn bei Euch arme Kinder?« frage ich.

»Und noch *was* für arme Kinder!« sagen sie. »Soviele Tausender sollen wir mit Ihnen zusammen besitzen, wieviel arme Kinder, nackte und barfüßige, bei uns herumlaufen! Haben Euch jene zwei Juden vielleicht gesagt, daß dem nicht so ist? Seht nur, wie diese Juden alles drehen! Hört, es geht uns hier nicht darum, Worte zu machen. Ihr seid doch nicht mehr als ein fremder Mensch. Aber wenn wir Euch nur einen zehnten Teil von dem erzählen wollten, was sich bei uns im Schtedtl abspielt, würdet Ihr in die Luft gehen. Ihr könnt uns ruhig glauben, daß wir mit Schochets Sohn kaum verwandt sind, daß wir ihn als einen Sündenbock gebrauchen könnten ... Um was dreht es sich? Dieser junge Mann, hört Ihr, ist gerade ein anständiger junger Mann.

Schon daraus, daß er sich mit einer solchen Sache abgibt, werdet Ihr es verstehen. So wahr ich lebe, so eine große, heilige Sache wie eine Talmud-Thoraschule! Eine Kleinigkeit Talmud-Thoraschule? Es steht in unseren heiligen Schriften geschrieben, wahrscheinlich wißt Ihr es: *Und eine Talmud-Thoraschule geht allem vor.* Was kann schon Größeres sein als dies? Kommen zwei Juden daher und machen es zunichte. Die Galle kann einem platzen. Warum das alles? Weil es bei uns zwei Schochets, zwei Bethäuser und zwei Parteien gibt! Wenn einer was macht, macht der andere das Gegenteil. Und zu alldem hat sich noch der Jehupetzer Melamed, der in den Zeitungen schreibt, eingemischt. Und warum? Weil man die Talmud-Thoraschule ohne ihn eröffnet hat ...«

»Findet Ihr, heißt es, daß ich auf ihre Reden nichts geben soll und daß ich doch für die Talmud-Thoraschule spenden soll?«

»Was hat es damit zu tun? Können wir Euch denn Anweisungen erteilen? Natürlich ist es eine große Wohltat, arme Kinder zu unterstützen, die verwahrlost, nackt und barfuß herumlaufen. Und Ihr seid auch nicht verpflichtet zu glauben, was böse Zungen Euch erzählen, denn unser Schtedtl, wie Ihr seht, ist ein kleines Schtedtl aber voller Intrigen, Verleumdungen, Neid und Klatsch. Doch macht nichts, es kam einfach die Rede darauf. Man redet. Nehmt es nicht übel, wenn wir Euch vielleicht belästigt haben. Guten Tag.«

Sie schicken sich zum Gehen an und kehren um.

»Wir haben eine kleine Bitte an Euch. Sagt niemand, daß wir Euch von zwei Schochets, zwei Bethäusern, Intrigen, dieses, jenes, Nudel, Boden erzählt haben. Wir haben Euch das alles einfach so gesagt, damit Ihr es wißt, versteht Ihr? Guten Tag.«

»Guten Tag.«

Nach diesen zwei Juden kamen andere zwei Juden, einer mit Schirm, der andere mit Spazierstock, und die Geschichte fängt wieder von vorne an.

»Wer seid Ihr? Was habt Ihr Gutes zu sagen?«

»Wir sind hiesige, heißt es, Bürger sind wir, und zu Euch sind wir eigentlich wegen nichts gekommen. Wir wollten nur fragen, ob bei Euch nicht soeben zwei Juden gewesen sind, der eine mit Hut und der andere mit Mütze? Sie haben Euch wahrscheinlich übertriebene Geschichten von der hiesigen Talmud-Thoraschule und ihren siebenundsiebzig Schülern erzählt und haben des Schochets Sohn verteidigt, haben Euch erzählt, daß es zwei Schochets, zwei Bethäuser und zwei Parteien gibt und haben wahrscheinlich auch den Jehupetzer Religionslehrer, der in den Zeitungen schreibt, verleumdet, daß er ehrgeizig ist und Intrigen spinnt. Als wären wir mit dabei gewesen, nicht wahr? Eh, eh, eh! Was wißt Ihr, was sich bei uns alles abspielt? Wenn wir Euch erzählen würden, was unsere *Osterarmenhilfe* und unser *Verein für Wohltätige Darlehen* betrifft, den wir gründen wollten, und was unser Badehaus anbelangt, das wir errichten wollten, würdet Ihr verrückt werden.«

Ich unterbreche sie und sage ihnen, daß ich auf ihre *Osterarmenhilfe* verzichte wie auch auf ihren *Verein für Wohltätigkeitsdarlehen* und auf ihr Badehaus, sogar auf den Jehupetzer Melamed, der in den Zeitungen schreibt, und daß ich nicht die Absicht habe, verrückt zu werden.

Sie verabschieden sich und gehen, doch gleich darauf stellen sich zwei andere Juden ein, beide von niedrigem Wuchs und beide mit Mützen und Spazierstöcken. Sobald ich sie erblicke, gehe ich ihnen entgegen, warte nicht mehr auf ihre Höflichkeiten und sage:

»Entschuldiget, meine lieben Juden, Ihr seid doch sicher hiesige Bürger, und eigentlich wollt Ihr nichts wissen. Aber Ihr wollt einfach hören, ob hier nicht soeben zwei Juden bei mir gewesen sind, einer mit Schirm und der andere mit Spazierstock? Sag ich Euch, daß niemand bei mir war, und ich weiß nichts von Schochets, nichts von einem Jehupetzer Melamed, der in den Zeitungen schreibt, nichts von Intrigen, nichts von einer Talmud-Thoraschule, nichts von einer *Osterarmenhilfe,* nichts von einem Badehaus, und ich wünsche Euch stets nur Gutes ... Chaje-Ettl, laß den Samowar bringen!«

14.

Die Magd abgeworben. Kein Tropfen Wasser da.
Wir verzanken uns mit allen Nachbarn.
Ich flüchte in die Stadt.

»Du willst, daß man dir den Samowar bringt?« sagt mein Weib zu mir. »Nu, nu, du wirst schon warten müssen auf einen Samowar. Wir sind ohne Hilfe und ohne einen Tropfen Wasser, ohne Leib und Leben. Deine Jehupetzer Aristokratinnen, mögen sie im Fieber brennen, haben heute Nacht unsere Magd abgeworben.«

»Was heißt«, sage ich, »sie haben die Magd abgeworben?«

»Was sagt Ihr zu diesem Narren? Er weiß nicht mal, wie man eine Magd abwirbt? Man kann ihn nebbich nur bemitleiden«, sagt Chaje-Ettl. »Ich möchte wenigstens hingehen und ihnen einen bösen, finsteren ...«

»Schsch«, sage ich zu ihr, »Chaje-Ettl, hör auf mich. Ruhe. Wir sind doch nicht bei uns zu Hause. Wir sind doch hier in Bojberik in einer Sommervilla.«

»Sommervilla?« sagt mein Weib. »Besser wäre sie zusammen mit ganz Bojberik abgebrannt, ehe wir sie gemietet haben! Ich habe ihm gesagt, wir brauchen keine Sommervilla, aber es hat ihn gelüstet, diese Mode mitzumachen. Alle Juden fahren nach Bojberik, müssen wir auch fahren. Was würdest du tun, wenn alle Juden sich ihre Nasen abschneiden ließen?«

Mein Weib, sie soll leben, kann man – mit Vergebung – mit einer Maschine vergleichen. Wenn sie zu rattern anfängt, sollt Ihr es nicht einmal versuchen, sie zu unterbrechen. Sie wird so lange rattern, bis sie sich von selbst abstellt... Während sie sich mit den vornehmen Damen wegen der Magd auseinandersetzt, begebe ich mich gemächlich in die Küche. Vielleicht werde ich die Köchin überreden, den Samowar aufzustellen. Sie aber gibt mir erst die richtige Abfuhr. Da könne ich lange warten, bis sie den Samowar aufstellt! Der Samowar sei nicht ihre Arbeit. Es sei schon genug, sagt sie, daß sie sich in unserer schönen Sommervilla wie ein Hund herumwälzen muß. Sommervillas wollen die! Sie wissen nicht mehr, was sie sich noch alles zu ihrem Luxus ausdenken sollen!

»Das ist erstens«, fährt sie fort, »und zweitens, warum fragt Ihr nicht, woher ich Wasser holen soll?«

»Was heißt«, sage ich, »woher? Haben wir denn keinen Brunnen beim Sommerhaus?«

»Ich soll gehen«, sagt sie, »heißt das, Wasser heraufziehn? Meine Feinde sollen es nicht erleben, daß Betja-Bejle, die Frau des Schames, eine Wasserträgerin wird! Es ist schon genug, daß ich auf meine alten Jahre überhaupt dienen muß. Ach und weh, was aus mir geworden ist! Würde mein Rafael, er ruhe in Frieden, jetzt auferstehen und seine Betja-Bejle ansehn, er würde noch einmal sterben.«

Betja-Bejle bricht wie ein kleines Kind in lautes Schluchzen aus. Mir bricht das Herz, und ich sage ihr:

»Wißt Ihr was? Gebt mir den Eimer mit dem Strick, und ich werde selbst versuchen, einen Eimer Wasser heraufzuziehen.«

Ich nehme den Eimer, gehe zum Brunnen, ziehe an dem Strick, laß ihn hin und her, rauf und runter, rauf und runter – und es geht nicht.

›Es sieht fast aus‹, denke ich, ›daß es leichter ist, zehn Geschäfte in Jehupetz abzuwickeln, als einen Eimer Wasser in Bojberik zu schöpfen.‹

Und ich schleudere den Eimer von mir. Darauf entgleitet der Strick aus meiner Hand, und der Eimer fällt in den Brunnen. Kein Eimer, kein Strick, kein Wasser!

»Wie ich es jene Nacht und diese Nacht geträumt habe!« sagt Betja-Bejle. »Es ist ein geliehener Eimer und ein geliehener Strick! Wer hat Euch gebeten, selbst Wasser zu holen? Seit ich lebe, seit ich auf meinen Füßen stehe... Ein Hausherr soll sich unterstehen, sich um alle Töpfe zu kümmern. Wo werde ich jetzt einen Eimer hernehmen? Womit werde ich jetzt kochen?«

Ich flüchte aus der Küche. Mein Weib kommt mir weinend entgegen.

»Gott sei mit dir, Chaje-Ettl, warum weinst du?«

»Eine Sommervilla«, sagt sie, »wollte er! Nach *Luft in Bojberik* hat ihn gelüstet! Hättest du bloß gehört, was für eine dicke Luft bei deinen Aristokratinnen war! Sie haben mich wie eine Dienstmagd beschimpft. Es hat sich ausgezahlt, so wahr ich lebe, deshalb nach Bojberik in die

Sommerfrische zu fahren. Ich habe geglaubt, daß hier das Weibervolk mir entgegenkommen wird, ganz das Gegenteil. Die Rostropolierin hat mir vorgeworfen, daß unsere Küche nicht koscher sei, daß milchiges und fleischiges Geschirr bei uns zusammengehalten wird. Doch mehr als auf sie alle habe ich eine Wut auf die Blinde, die Mandelstamm der Doktor mit Lapis ätzt – mögen ihr die Augen herausfallen, lieber Gott!«

»Wenn Ihr nicht sofort still seid«, schreit jemand hinter der Türe, »wird man Euch eine aufs Maul geben! Einen Dreck kümmern uns Eure herangewachsenen Töchter, die Ihr nur unter die Haube bringen wollt, einen Dreck Euer Mann mit seinen Geschäftchen und seinen Tausendern! Die jüdische Verbannung soll nicht länger dauern, als sich bei Euch die Tausender halten werden – von Esther-Tanes bis Purim! Man hat schon solche *reichen Leute* in Jehupetz gesehen, die heute auf Gummirädern fahren und morgen ohne Stiefel zu Fuß laufen.«

›Ja‹, denke ich, ›der frühe Morgen in der Sommervilla hat nicht gerade erfreulich angefangen. Ein schlechtes Zeichen!‹

Ich erfinde für mein Weib eine Ausrede, warum ich dringend in die Stadt muß, und eile zum Bahnhof.

15.

Das Ungemach.
Wunder von Sechsundsechzig und von Stukalke.
Wie man Inventar auf einem Gut macht.
Die Jehupetzer Straßenbahn.

Die Bojberiker Sommerfrischler, die täglich in die Stadt fahren, haben anscheinend vor Gott gesündigt, denn sie sind verurteilt, ihre großen Missetaten schon auf dieser Welt zu büßen, sich bei lebendigem Leib in der Hölle rösten zu lassen, den ganzen Tag in der Stadt in der Hitze gebraten und gebrannt zu werden und wie vergiftete Mäuse hin und her zu laufen, mit Päckchen, Bündeln und Schachteln beladen, nichts zu essen, als wäre man krank, nicht zu schlafen, ständig auf die Uhr zu schauen, damit man, Gott behüte, ja nicht den Zug versäumt ...

Wenn man aber unter Menschen kommt, muß man halt mit der Sommervilla prahlen, daß sie einfach einzigartig in der Welt dasteht. Die Hauptsache aber ist die *Luft*. Die *Luft* ist ein Labsal für die Seele, ein wahres Paradies.

Sie glauben so sehr an dieses *Paradies*, daß sie meinen, es sich ehrlich verdient zu haben ... Deswegen klagen sie nicht mehr, sind wie verurteilte Sträflinge, die wissen, daß sie ihr Stückchen Zeit absitzen müssen, den Sommer überleben – was kann man schon machen? Sie sind schon damit zufrieden, einen Sitzplatz im Waggon zu erobern – ein Glück, das nicht jeder erreicht. Man muß sich um einen Sitzplatz schlagen, und selbst dazu muß man sich noch in Geduld üben, denn es kann vorkommen, nachdem Ihr endlich einen Sitz erkämpft und Euch hingesetzt habt, daß ein Geistlicher kommt, mit langem Haar – Ihr wißt nicht, ob Jude oder Christ – und Euch auffordert, *so gut zu sein* ...

Der Waggon, in welchen ich hineingekommen bin, ist vollgestopft mit Bojberiker Sommerfrischlern. Viele sitzen und noch mehr stehen, mit Verlaub, auf ihren Füßen. Die Leute teilen sich in Grüppchen auf, und man spricht über Geschäfte: Einer über Banken – die Banken zahlen darauf –, ein anderer über Wechselchen: Er habe ein gutes Wechselchen in der Hand.

»Was heißt bei Euch ein *gutes Wechselchen?*« fragt der eine.

»Ein gutes Wechselchen«, antwortet ihm der andere, »heißt ein Wechselchen, das von einer vertrauenswürdigen Person unterzeichnet ist, doch muß es eine Vertrauensperson sein, die vor dem Bankrott steht, Ihr versteht? Bei solch einem Wechselchen kann man gut verdienen ... Da habe ich erst gestern an zwei solchen Wechselchen verdient und das zufällig im Wald auf der Hängematte!«

»Alles Unsinn«, antwortet ihm ein anderer Jude. »Was verdient man schon bei Wechselchen? Verdienen verdient man bei Zucker. Erst gestern hat Jenkele hunderttausend Pud Zucker *gemacht.*«

»Jenkele hat *gemacht* hunderttausend Pud Zucker?« fragen erschrocken einige gleichzeitig. »Wie teuer? Wer hat gekauft? Wer hat verkauft?«

Und es folgt ein langes Gespräch über Zucker, und man errechnet, wieviel Zucker Jenkele und seine Partner diesen Monat *gemacht* haben.

»Ich befürchte, sechsmal hunderttausend Pud. Der Teufel hole sie!«

»Ich befürchte mehr«, sagt der andere mit einem

Seufzer. »Krank sollen sie davon werden, Gott Allmächtiger!«

Etwas weiter sitzen die Spekulanten und reden über Zucker, ob er teuerer oder billiger wird. Jeder äußert seine Meinung, gewöhnlich genau das Gegenteil von dem, was der andere sagt. Man beginnt den Minister zu kritisieren, daß er zu wenig Zucker auf dem Markt bewilligt. Jeder hat seine eigene Bewertung, und jeder sagt, wäre er Minister, würde er es besser machen . . .

Doch nicht alle im Wagen interessieren sich für Banken, Wechselchen und Zucker. Es gibt solche, die von ganz etwas anderem reden.

»Ich will Euch jetzt etwas Schönes erzählen«, sagt einer. »Wir spielten gestern *Sechsundsechzig* vom frühen Morgen bis zwei Uhr nachts. Mir ging keine Karte, daß sich Gott erbarme! Kaufe ich, werde ich begraben. Kaufe ich nicht, lasse ich Gold liegen. Da trifft es sich, daß mir die rechte Karte unterkommt, und ich überlege bis in den Tag hinein. Kurz, man hat mich bis ins sechste Jahrtausend hineingetrieben, soviel wie hundertfünfundvierzig! Was ich gehabt habe? Ich hatte, hört Ihr, König, Ober, Dame, Pikneun und Daus über der Dametreff. Nimmt die erste Hand, der Teufel hole sie, spielt Königtreff aus. Ich lege die zehn, schlägt man meine Bubentrumpf, ich bleibe ohne Trumpf und stelle ein Remis. Wie gefällt Euch so ein lästiger Mensch? Ich dachte, ich werde mir was antun! Genau hundertvierundvierzig wie in der Apotheke!«

»Schsch! Ich will Euch lieber erzählen, was mir passiert ist.« sagt ein anderer. »Wir sitzen mal in Gesellschaft und spielen *Stukalke*. Es war Winter, genau am Tage der fünften Chanuka Kerze. Da fällt mir ein, *blind* zu gehen, *a la Leib*, und natürlich kaufe ich *Schrage* und werde begraben. Denkt Ihr, das sei schon genug? Ich gerate in Wut und gehe wieder *a la Leib* und kaufe wieder *Schrage* auf ein Remis. Kurz, ich habe mich erhitzt, bin 60 Rubel losgeworden und habe Flüche auf Reb Leibl ausgestoßen, mögen sie ins Meer fallen.«

»Verzeiht die Frage«, mischt sich ein Jüdlein von der Seite ein. »Ich selbst bin ein Swinirodker. Bei uns in Swinirodke spielt man auch oft *Stukalke*, das heißt, wir spielen alle Kartenspiele, aber meist spielen wir *Stukalke*. Ich bitte Euch, mir zu erklären, was heißt *gegangen a la Leib?*«

»Ihr wißt nicht, was *a la Leib* bedeutet?« gibt ihm einer von der Runde zu verstehen. »Ich will es Euch erklären. Bei uns in Jehupetz gibt es einen gewissen Leib, in der Stadt bekannt als *guter Bruder* und als ein *Kochlöffel*. Er hat eine neue Spielregel eingeführt: Wenn man *Stukalke* spielt und wenn einer *blind* geht und der andere *gesehen*, kann die letzte Hand auch *blind* gehen, und das nennt man dann *a la Leib*. Versteht Ihr jetzt die Idee?«

»Nu«, fragt der Swinorodker und reckt seinen Hals, »bringt das vielleicht Glück?«

»So ein Jahr soll Leibl haben!« antwortet ihm jener, und die anderen lachen.

Zwei Juden haben sich still in einen Winkel zurückgezogen, ein Rothaariger und ein Schwarzhaariger. Der Rote hat den Hut ins Genick geschoben, die Ärmel aufgekrempelt, blickt durch eine Brille, schwitzt und redet. Der Schwarze hält einen Bleistift, ein Notizbuch und schreibt.

»Notiert gütigst, ein Gut in der Chersoner Provinz«, sagt der Rote.

»Ich brauche es in der Podolier Provinz«, erwiderte der Schwarze.

»Notiert in der Podolier Provinz mit dreizehnhundert Desiatinen Boden.«

»Dreizehnhundert Desiatinen sind zu wenig.«

»Notiert dann achtzehnhundert Desiatinen.«

»Auch achtzehnhundert ist zu wenig. Ich brauche wenigstens dreitausend.«

»Notiert dann dreitausendvierhundert Desiatinen *Tschernosiom.*«

»Bloßer Boden taugt nicht. Ich brauche auch ein bißchen Wald.«

»Darunter sind dort sechshundert Desiatinen Wald.«

»Sechshundert sind wenig. Ich brauche zu allem Ärger tausend Desiatinen Wald. Mein Herr, versteht Ihr, liebt Wald.«

»Ich meine, tausendundzweihundert Desiatinen Wald.«

»Was für Wald soll ich notieren?«

»Was für Wald? Tannenwald, der echte Tannenwald, der gefragt ist. Hohe Tannen, eine wie die andere. Ihr habt solche Tannen, glaubt mir, weit und breit noch nicht gesehen.«

»Tannen taugen nicht. Ich brauche Eichen.«

»Ich meine doch Eichen! Die besten, die höchsten Eichen, Zedern vom Libanon. Jede Eiche ist so mächtig, daß man sie nicht fällen kann.«

»Ist auch ein Hof auf dem Gut vorhanden?«

»Und was für ein Hof! Kann mit keinem Hof verglichen werden. Notiert gütigst ein Palais mit über zwanzig Zimmern. Was sage ich? Von über dreißig. Ihr könnt sogar vierzig notieren, auf meine Verantwortung!«

»Und ein Teich? Mein Herr liebt es, wenn es auf dem Gut einen Teich gibt.«

»Und noch was für ein Teich! Ein großer Teich mit

vielen Fischen.« Der Rote zeigt auf der Hand, wo das Gut und wo der Teich liegen.

»Wie gelangt man hin? Mein Herr möchte, daß es in der Nähe der Eisenbahn ist.«

»Und noch wie nahe! Notiert eine halbe Werst. Was sage ich eine halbe Werst? Eine viertel Werst, nur wenige Schritte zum Bahnhof. Da ist die Bahnstation und hier ist das Gut.« Der Rote zeigt wieder auf der Handfläche, wo das Gut und wo die Bahnstation liegen.

»Still, wir sind bald in Jehupetz«, sagt einer aus der *Bruderschaft*, erhebt sich und macht sich zum Aussteigen bereit, um einen Platz in der Straßenbahn zu erwischen. Ihm nach die ganze Gesellschaft.

Noch mehr Geschicklichkeit als in der Eisenbahn bedarf es, einen Platz in der Trambahn zu ergattern. Da gibt es ein Laufen und ein Springen über Köpfe, ein Erdbeben. Man achtet nicht mehr auf Höflichkeit – egal ob Jude, Christ, mit Schnurrbart oder ohne Schnurrbart oder ob sogar eine Dame. Man erstickt sie und quetscht sie so zusammen, daß sie dabei fast die Seele aushaucht – wenn sie gar sitzt, setzt man sich auf ihren Schoß, und sie soll es nur wagen zu sagen, daß sie das nicht mag! Man muß auch seine Taschen hüten, und die Uhr läßt man am besten daheim. Wenn Ihr in Jehupetz mit einer goldenen Uhr in der Straßenbahn fahrt – es kann auch eine silberne sein – werdet Ihr dann, mit Vergebung, eine leere Tasche haben und keine Uhr . . .

16.

Gäste. Ein leiblicher Vetter.
Tante Slates Jentl.
Unnütze Tränen.

Ich bin aus der Stadt erhitzt, erschöpft und hungrig zurückgekehrt. Die kleineren Kinder laufen mir voller Freude entgegen.

»Papachen, Gäste! Wir haben Gäste!«

»Gott liebe dich und deine Gäste! Das hat uns noch gefehlt«, sagt zu mir mein Weib. »Deine Sippe! Kaum erfahren, daß du Geld verdient hast, und schon kommen sie aus aller Welt gerannt. Wo waren sie früher, als der Dalles, nicht heut sei es gedacht, aus allen Winkel gepfiffen hat?«

»Schon zu lange Zeit war Friede im Haus«, denke ich und gehe auf die Sommervilla zu.

Es kommt mir ein alter Jude mit einem totbleichen Gesicht entgegen, mit eingefallenen Backen und einem langen Bart. An seiner Seite steht ein Weibl von niederem Wuchs mit einer roten Nase, einem gelbseidenen Kopftuch hinter den Ohren geknüpft und mit einem warmen Schal über den Schultern, obzwar es gar nicht so kalt ist. Das Weibl macht vor mir eine komische Verbeugung, wischt sich die Nase mit zwei Fingern ab und sagt mit einem süßen Lächeln:

»Hast mich nicht erkannt? Geh schon, geh! Ich bin doch Slates Jentl. Und der da ist mein Vater, dein Vetter Salmen. Er ist sehr gealtert, nicht wahr? Ich habe mich schon mit deinen Kinderchen bekannt gemacht, eines schöner als das andere, unberufen!«

»Scholem Alejchem, Vetter!« sag ich zu Vetter Salmen. »Woher kommt Ihr?«

»Labsal für die Seele!« antwortet mir der Vetter mit lauter Stimme und schmatzt mit den Lippen wie einer, der sich einen guten Bissen schmecken läßt. »Besseres, hörst du, Besseres gibt es nicht auf der Welt. Was machst du Gutes? Ha? Schon lange, hörst du, haben wir uns nicht gesehen. Bestimmt etwa zweiundzwanzig Jahre, ha? Vielleicht sogar länger? Sei mal still, ich werde es gleich ausrechnen. Wie lange ist es her seit Jentls Hochzeit? Ha? Seit ihrer Hochzeit haben wir uns nicht gesehen. Wie geht es dir gesundheitlich, ha? Wie gehen deine Geschäfte, ha?«

»Gott sei dank«, sag ich, »nu, und was macht Ihr?«

»Direkt aus Awritsch von zu Hause, heißt das!« sagt er mit lauter Stimme zu mir. »Ich war bei dir in der Stadt, habe an der Tür geklopft, man öffnet nicht. Kurz, man sagt, du bist in Bojberik. Was machst du in Bojberik, ha?

»Er hört nicht gut«, sagt zu mir Jentl. »Seit Mutter, mir zu langem Leben, gestorben ist, ist er – nicht zu dir gedacht – taub geworden. Einfach taub denkst du? Wie die Wand so taub!«

»Es ist hier, hörst du, gut, ausgezeichnet, ha?« schreit Vetter Salmen mir zu, als wäre ich der Taube und nicht er. »Ich sag dir, hörst du, es ist hier einmalig schön! Ein wahres Paradies, ha? Ich gedenke hier, so Gott will, eine Woche oder zwei oder drei zu verbringen, ha?«

»Wir wollten in einen Gasthof einkehren«, sagt Jentl sich entschuldigend, »doch dein Vetter hat sich versteift. Nur hierher wollte er. Du würdest beleidigt sein, sagte er, wenn wir bei fremden Leuten logieren . Er sei doch schließlich dein leiblicher Vetter, es schicke sich nicht, sagte er mir.«

»Und wer ist jenes Paar?« frage ich und zeige auf einen Juden mit einer Jüdin, die auf der Veranda sitzen, aus Schalen Tee trinken und sich daran offensichtlich erquicken.

»Ich soll so von Bösem wissen?« sagt Jentl leise zu mir, wischt ihre Lippen ab und schaut auf das Paar. »Sie sind, so siehts aus, Mann und Weib. Sie sind mit uns von Chwastew im gleichen Waggon gereist. Wir sind ins Gespräch gekommen, wie es unterwegs so üblich ist: Wohin fahrt Ihr? Wohin fahrt *Ihr?* Hin und her – kurz: Sie haben erfahren, daß wir zu dir fahren und daß es dir unberufen gut geht, du verstehst? Sie sind, sagen sie, mit dir verwandt und sogar nahe verwandt. Frage ich sie wieso, antworten sie, es sei kompliziert geknüpft und gebunden. Doch inwiefern und wieso, kann man von ihnen nicht herausbekommen. Fängt er zu erzählen an, unterbricht sie ihn. Fängt sie zu erzählen an, unterbricht er sie. Eine unendliche Geschichte. Hör besser auf mich, wir sind doch leibliche Cousins!«

Und Jentl schüttet mir ihr bitteres Herz aus, wie schlecht es ihr nebbich jetzt gehe – das heißt, gut ist es ihr eigentlich nie ergangen. Seit der ersten Minute nach ihrer Trauung hat sie, sagt sie, noch keinen guten Tag erlebt, aber das mache nichts ... Wie sagt man? Es gab auch schon Schlimmeres. Seit einiger Zeit aber geht es ihr immer schlimmer und schlimmer, und jetzt geht es am schlimmsten. Verdienen, sagt sie, verdient sie nichts, und brauchen braucht man viel. Und zu all dem gibt es noch, sagt sie, nebenbei andere Sorgen und Schmerzen. Da kommt die Einberufung ins Haus und der Junge ist heiratsfähig, da wieder krepiert ein Stück Vieh, da brennt der Laden nieder, und man rettet nicht mal einen Faden ...

»Man denkt, damit sei es genug, nicht wahr?« sagt sie. »Da erkrankt meine Tochter, ein Mädchen von dreizehn Jahren, sauber, schön, ein Vergnügen anzusehen ... und stirbt mir dahin. Sossel hat sie geheißen, nach der Tante Sossie benannt. Sie war stets gesund und kräftig, hat nie auch nur an einem Fingerchen von Schmerzen gewußt, und plötzlich kommt sie vom Markt nach Hause, stellt den Korb hin, das Gesicht blaß wie die Wand, ›Oh weh, Tochter, was ist dir?‹ ›Nichts‹, sagt sie. ›Der Kopf tut mir weh.‹ Ich betaste ihren Kopf – ein höllisches Feuer. ›Leg dich eine Weile hin, Tochter, ich laufe um den Arzt.‹ ›Wozu brauchst du‹, sagt sie, ›Mutter, den Arzt? Schade um den Zweier. Es wird vorübergehen. Laß mich lieber‹, sagt sie, ›das Fleisch einsalzen und die Kartoffel schälen ...‹ Ich aber sehe, daß das Kind vergeht. Ich höre nicht auf sie, bringe sie mit Gewalt zu Bett, weh ist mir, und laufe zum Doktor. Wo ist der Doktor? Doktor, Doktor! Der Doktor ist irgendwo, zu allen schwarzen Jahren, hinter dem Schtedtl. Aber ist das ein Grund? Der Doktor soll kommen! Ich habe endlich diesen schönen Doktor hergebracht. Als ich mit dem Doktor anlangte – traf ich sie schon ohne Sprache an, die Augen nach oben verdreht. ›Töchterchen, erkennst du mich?‹ Wer? Was? Wen? Ich rede zur Wand! Bis zum nächsten Morgen war sie nicht mehr da. Warum hatte das Kind es so eilig? Eine schöne, gesunde, heitere ... Wie legt man so etwas in die Erde?«

Und Tante Slates Jentl bricht wie ein kleines Kind in Weinen aus, und ich sie anschauend, fühle, wie mir die Tränen kommen.

»Was ist los? Warum dieses Gewein?« ruft meine Chaje-Ettl und kommt näher.

Ich will ihr antworten, aber ich kann kein Wort

herausbringen. Ich schlucke die Tränen. Ich nehme mich schließlich zusammen und sage:

»Nebbich ein Kind bei ihr gestor... ein Mädchen von dreizehn...«

»Schon lange Zeit her?« fragt Chaje Ettl erschrocken.

»Schon neun oder gar zehn Jahre her«, sagt Jentl und wendet sich an Vetter Salmen. »Vater, wie lange ist es her, seit Sossel gestorben ist? Du dürftest es wissen.«

»Von Awritsch«, sagt der Vetter Salmen, »von Awritsch hierher per Bahn rechnet man zweihundertfünfzig Werst und vielleicht sogar ganze dreihundert, ha?«

Um nicht in ein Gelächter auszubrechen, lasse ich meine Brille fallen, bücke mich und gehe zur Veranda, die übrigen Gäste zu begrüßen, welche dort sitzen, Tee aus den Schalen trinken und sich daran erquicken.

17.

Das Ehepaar. Geknüpft und gebunden.
Eine unendliche Geschichte.

Ich nähere mich dem Ehepaar auf der Veranda, beide schwitzen stark vom heißen Tee. Er trägt eine Samtmütze mit breitem Schirm und sie eine Perücke mit einem weißen Scheitel. Beide sind so ziemlich beleibt, wiegen zusammen ohne Übertreibung zirka hundertfünfzehn oder gar hundertsechzehn Pud. Ich setze mich zu ihnen und fange mit ihnen ein Gespräch an: dieses, jenes, woher kommt Ihr und wer seid Ihr.

»Wer wir sind?« sagt der Mann und wischt sich mit

dem Kaftan den Schweiß vom Gesicht. »Ihr werdet es bald erfahren, doch vorerst beantwortet mir meine Frage. Wie hat Euer Großvater mütterlicherseits geheißen? Vielleicht Reb Mordchale?«

»Reb Mordchale«, sage ich.

»Schon verstorben?« fragt er.

»Oh«, sage ich, »schon seit langem verstorben.«

»Gesegnet sei der Wahre Richter«, sagt er und wackelt mit dem Kopf. »Ein ehrlicher Jude, Euch zu längeren Jahren, ein ausgezeichneter Thorakenner. Über ihn kann man ruhig sagen: Gesegnet sei sein heiliges Andenken. Nu, und was macht Eure Großmutter Chanele?«

»Auch verstorben.«

»Möge sie im hellen Garten Eden wandeln! Sie war auch eine koschere Jüdin«, sagt er und wendet sich zu seinem Weib. »Du kanntest sie nicht, daher weißt du nicht, was für Menschen Reb Mordchale und seine Chanele waren. Hört Ihr«, er wendet sein Gesicht zu mir, »Ihr hattet einen Großvater und eine Großmutter, was wißt Ihr, was für einen Großvater und eine Großmutter Ihr hattet!«

»Ich weiß«, sage ich, »daß ich einen Großvater und eine Großmutter hatte. Sagt mir lieber, wer Ihr seid?«

»Das werdet Ihr jetzt erfahren«, sagt er, krempelt seine Ärmel bis zum Ellbogen auf, faßt sich am Bart, bewegt seinen Oberkörper hin und her und spricht lächelnd mit einer singenden Stimme. »Euer Großvater, Reb Mordchale, war eigentlich ein Korsischewer aus Korsischew und hatte in Korsischew zwei Schwestern, hatte er. Nechamale und Sissele. Nechamale hatte zwei Männer, zweimal, heißt es, geheiratet. Das erste Mal auch aus Korsischew mit Lejbale Korsischewer, so nannte man ihn, das zweite Mal heiratete sie Reb Simchale, wieder aus Korsischew. Und dieser Reb Simchale Korsischewer war, als er, heißt es, Tante Nechamale heiratete, ein Witwer, war er. Hört mir gut und mit Kopf zu! Sein erstes Weib war ebenfalls eine Korsischewerin. Sie hieß Dwojrale, und sie war, Dwojrale heißt es, Eures Großvaters Verwandte, versteht Ihr? Euer Großvater hat sie dann verheiratet. Ihr hört mir zu oder nicht? Und zwar mit seinem Schwager Reb Simchale, als er noch nicht sein Schwager war. Erst nachher, als Dwojrale starb, hat Eures Großvaters Schwager Simchale die Tante Nechamale geheiratet und hatte mit ihr eine Tochter, der er nach seiner Mutter Rejse – einer Tante Eures Großvaters – den Namen Rejsale gab. Diese Rejsale, Reb Simchales Tochter, hat einen Verwandten großmütterlicherseits aus Manasterischtsch geheiratet. Mejerl hieß er, versteht Ihr, wie das geht? Es ist geknüpft und gebunden.«

»Es ist geknüpft und gebunden«, unterbricht ihn sein Weib. »Er hat aber zu erwähnen vergessen, wieso Rejsale mit meinem Mann verwandt ist. Laßt mich Euch das erklären. Eure Großmutter Chanele aus Korsischew hatte einen Vetter in Mesewisch. Nojach hieß er.«

»Das hat mir noch gefehlt«, unterbricht sie ihr Mann. »Bis zum Vetter Nojach nach Mosewisch verirrt sie sich. Wenn du mich läßt, werde ich ihm ganz genau die Verwandtschaft erklären. Kurz: Eures Großvaters zweite Schwester Sissale hatte einen Mann aus Hulejpoli. Reb Lejwinju nannte man ihn. Da sie keine Kinder hatte, ließ sie sich von ihm scheiden, hat wieder geheiratet einen gewissen Reb Naftule Manasterischtscher und hatte mit ihm soviel wie fünf Söhne und sieben Töchter.«

»Genau das Gegenteil!« unterbricht ihn sein Weib. »Sieben Söhne und fünf Töchter.«

»Hab ich auch gemeint. Sieben Söhne und fünf Töchter.« Er zählt an den Fingern auf. »Burachl, Chajiml, Jenkele, Herzele, Bejrischl, Fischele, Josele und Etele, Riwkale, Hodele, Fejgele, Krejndele. Es stimmt, scheint mir. Burachl starb, und Jenkele heiratete nach Korsischew Tante Nechamas Rejsele, die leibliche Kusine Eures Großvaters Reb Mordchale. Versteht Ihr, wie sich das eingliedert? Es ist geknüpft und gebunden. Werdet Ihr vielleicht sagen, daß es nicht so ist?«

»Ja«, sage ich, »es ist geknüpft und gebunden. Was hat es aber mit Euch zu tun? *Wer seid Ihr?*«

»Hört nur weiter«, sagt er zu mir. »Dieser Naftule Manasterischtscher, von dem ich Euch erzählt habe, hatte doch die zwei älteren Töchter Etele und Riwkale. Die Etele heiratete Reb Mojsche-Lejb Radomischlers Sohn aus Radomischl, der ein leiblicher Verwandter des Naftule Manasterischtscher ist, denn eine Schwester des Naftule war mit einem Bruder des Mojsche Lejb verheiratet. Versteht Ihr, was da vorgeht?«

»Und wo hast du Riwkale hingetan?« ruft das Weib und schickt sich an, über Riwkale zu erzählen, aber ihr Mann läßt es nicht zu. Er verschließt ihr den Mund mit seiner Hand und schreit:

»Laß dir Zeit mit Riwkale! Warum hast du keine Zeit? Sie wird an die Reihe kommen, ich werde sie nicht in die Tasche stecken. Also weiter. Wo war ich stehn geblieben? Ich glaube bei Etele. Also hat Etele aus Manasterischtsch, heißt das, nach Radomischl geheiratet, wie Ihr schon wißt, einen Verwandten, und Riwkale heiratete ein Scheusal aus Manasterischtsch, der Henich hieß, und hatte mit ihm eine Tochter, Gnendl.«

»Frohe Feiertage dir!« sagt das Weib. »Wie kommst du auf Gnendl? Gnendl ist doch Eteles Tochter aus Radomischl.«

»Und was hab ich gesagt?«

»Du sagtest, Tante Riwkales Tochter.«

»Du bist meschugge! Ich bin noch gar nicht bei Riwkale angelangt.«

»Oj«, sagt das Weib und springt auf, »man kann bei ihm einen Schlaganfall kriegen! Du hast erst die Abstammung der Tante Riwkale ausgerechnet und gesagt, daß sie nach Manasterischtsch geheiratet hat. Und als Merkmal hast du sogar gesagt, daß sie ein Scheusal geheiratet hat, Henich hieß er...«

»Sie verwirrt mir den Kopf!« sagt der Mann. »Wo bin ich stehn geblieben? Ja, Riwkale aus Manasterischtsch, heißt das, hatte eine Tochter... ich meine, einen Sohn, der Mendel hieß, und Etele aus Radomischl hatte einen Sohn... ich meine, eine Tochter Gnendl, und sie heirateten einander, das heißt, Riwkales Tochter Mendel aus Radomischl nahm Eteles Sohn Gnendl aus Manasterischtsch... ich meine umgekehrt, Riwkales Sohn Gnendl aus Manasterischtsch nahm Eteles Tochter Mendel aus Radomischl zum Weib...«

»Pfui dir, war für ein Jude!« schreit das Weib ihren Mann an, steht auf und schlägt die Hände zusammen. »Habt Ihr schon mal gehört, daß ein Sohn Gnendl heißt und eine Tochter Mendel und daß Gnendl Mendel zum Weib nimmt?«

»Weil du mir den Kopf verdrehst!« antwortet ihr der Mann. Er schickt sich an, weiter zu erzählen, doch da kommt meine Chaje-Ettl:

»Zeit zu Tisch zu gehn. Kommt essen. Bitte die Gäste zu Tisch, Liebster, sie sind sicherlich hungrig.«

Bei Tisch kommt mein Verwandter wieder auf Nechamales Vetter aus Mosewisch zu sprechen, der Nojach hieß und der drei Söhne hatte, wie der Nojach aus der

Bibel. Bloß hießen jenes Nojachs drei Söhne Sem, Ham und Jafeth, die Söhne dieses Nojachs aber hießen Schimale, Chemele und Jukel. Und danach folgt erst eine lange Reihe von Verwandten und ihren Eheschließungen, gedreht und verkettet, geknüpft und gebunden, eine unendliche Geschichte. Zum Glück mischt sich Vetter Salmen – lange soll er leben – ins Gespräch ein.

»Wie teuer ist das Fleisch bei Euch in Bojberik, ha? Bei uns in Awritsch ist Fleisch hoch im Preis, und wißt Ihr warum? Wegen der Steuer. Unser Steuerbeamter ist ein großer Schurke. Ist Euer Steuerbeamter auch so ein Schurke, ha? Alle Steuerbeamten sind Schurken, Bastarde. Verdammt seien ihre Namen! Vielleicht nicht, ha?«

Mein Verwandter mit der Samtmütze hört zu essen auf, hält die Gabel in die Höhe und blickt zum Vetter Salmen wie zu einem Missetäter, weil er ihn unterbrochen hat. Doch Vetter Salmen hört auf ihn wie auf den Kater. Er läßt sich nicht beirren und erzählt Geschichten vom Awerischer Steuerbeamten und von der Awerischer Gemeinde, was ihn nicht daran hindert, dabei ganz gehörig zu essen.

18.

Man bringt die Verwandtschaft unter.
Wir fahren ins Ausland in die Bäder.

»Wo legt man die Verwandtschaft hin?« fragt mich besorgt meine Chaje-Ettl nach dem Essen. »Sie sind zwar sehr gelegene Gäste, doch deswegen kann man sie nicht draußen lassen.«

»Frag mich was Leichteres«, sage ich. »Den Vetter Salmen gedenke ich hier auf die Veranda zu betten. Jentl kann mit den Kindern schlafen, und das Ehepaar, das geknüpft und gebunden ist, kann bei der heißen Wand liegen. Sollen sie wenigstens vom Sommerhaus ein Vergnügen haben... Wie gefällt dir, Chaje-Ettl, das Lüftchen, das zu wehen begonnen hat? Es bewölkt sich. Mir scheint, es wird regnen.«

»*Amen*, gebe es Gott«, sagt Chaje-Ettl. »Die Sonne hat den ganzen Tag so gebrannt, ein bißchen Erfrischung in diesem schönen Sommerhaus wäre an der Zeit, sowahr ich lebe! Hast du eine Sommerfrische, hast du *Luft*. Gott gebe, daß ein Regen kommt, der die Sommerhäuser mit ihren Sommerfrischlern und ganz Bojberik wegschwemmt, Allmächtiger Gott!«

Es dauert nicht lange, und der Himmel bedeckt sich mit dichten Wolken. Mit einem Mal wird es stockfinster, als hätte jemand die Sonne ausgelöscht. Die Vögel verstekken sich in den Nestern. Die Luft wird dichter und schwerer. Auf einmal zuckt ein Blitz, blendet die Augen, und gleich darauf platzt ein Donnerschlag, der knallt, grollt und von einem Ende des Waldes zum anderen rollt.

»Ich befürchte, es wird regnen«, bemerkt Vetter Salmen und schaut zum Himmel.

Und er hat richtig geraten. Er hat noch nicht zu Ende gesprochen, als sich ein mächtiger Platzregen ergießt, der immer erfrischender, dichter und stärker wird. Und jedes Mal zuckt ein neuer Blitz, der die blaue Finsternis beleuchtet, und darauf knallt wieder ein Donner, der über den ganzen Wald rollt.

»Mir scheint, daß dieser Regen nicht nur für eine kurze Weile gekommen ist«, sagt Vetter Salmen. »Wenn Gott will, wird es regnen und regnen und regnen...«

»Ihr sollt es erleben, uns bessere Botschaft zu bringen!« sagt Chaje-Ettl erschrocken und wirft immer wieder einen Blick ins Zimmer.

»Warum siehst du dich alle Minuten um?« frage ich sie.

»Ich schaue«, sagt sie, »ob es von der Decke tropft. Ja, es tropft direkt ins Bett! Man muß eine Schüssel unterstellen.«

»Bei uns in Awrisch«, sagt Vetter Salmen, »hat es auch mal so eine Sintflut gegeben. Es sind jetzt ungefähr zwanzig und vielleicht sogar dreißig Jahre her, ha? Es hat damals die ganze Stadt überschwemmt, hat es. Man hat sich in Booten eingeschifft, hat man sich eingeschifft. Es war schrecklich, war es.«

»Wo bleibt ihr?« höre ich eine Stimme aus der Stube. »Kommt her, helft uns tragen! Hilfe! Rettet!«

Ich stürze ins Zimmer. Ein Jammer, ein Unglück! Der Regen peitscht durch die Fenster, es strömt von der Decke und meine Chaje-Ettl steht im Wasser, das Kleid hochgerollt. In der einen Hand hält sie ein Kopfkissen, in der anderen eine Pfanne, in der man sonst Konfitüre kocht, und sie schreit aus voller Kehle:

»Gewalt! Helft tragen! Rettet! Rettet!«

»Was tust du?« sage ich. »Was schleppst du alles aus den Zimmern? Laß uns flüchten, unsere Leben retten! Wo sind die Kinder?«

»Papa, komm nur her«, schreien die kleinen Bengel aus dem nächsten Zimmer. Sie stehen dort vergnügt bis zu den Knöcheln im Wasser, bespritzen einander, spielen allerlei Spielchen und singen:

»Regen, Regen, hör schon auf,
Wir fahren jetzt den Jordan rauf.«

»Gewalt, Gewalt, Gewalt! Rettet! Wir sind verloren!« schreit meine Chaje-Ettl und bleibt wie angewurzelt im Wasser stehen.

»Die Kinder, die Kinder, rettet die Kinder!« kreischt Jentl und rührt sich nicht von der Stelle.

»Warum rettet man nicht die Kinder?« schreit das Ehepaar ohne sich zu bewegen.

»Wißt Ihr, was ich Euch sage?« erklärt Vetter Salmen. »Es wäre gut, die Kinder irgendwohin wegzutragen, denn es kommt, scheint mir, eine Sintflut.«

* * *

Ich beeile mich, meine Beschreibung unserer *Verbannung in die Sommerfrische* zu beenden, denn ich und meine Chaje-Ettl, heißt es, sind dabei, in die Bäder zu reisen. Die Ärzte finden, daß wir es beide nötig haben, dort irgendwelche Wässerchen zu trinken, in heißen Quellen zu baden und bei dieser Gelegenheit, wenn Ihr wollt, uns auch ein bißchen die Welt anzusehen. Bitte sehr, wenn Gott geholfen hat und man es sich leisten kann, warum nicht? Wir lassen die Kinder in Bojberik zurück, Gott bewahre, nicht allein. Wir haben Vetter Salmens Jentl zur Hausfrau ernannt, und ihr zuliebe bleibt auch Vetter Salmen zurück. Das Ehepaar, das geknüpft und gebunden ist, hatte zwar große Lust, bei uns über den ganzen Sommer zu bleiben, doch mein Weib gab ihnen zu verstehen, daß es in Bojberik, so Gott will, auch ohne sie ganz lustig sein wird, worauf sie sich auf den Weg machten. Wohin wir reisen, weiß ich selbst noch nicht. Wahrscheinlich wird uns der Arzt dorthin schicken, wo er es für nötig hält. Und da wir dabei sind, in ein Land zu reisen, wo man Deutsch spricht, muß man beginnen, sich an diese Sprache zu gewöhnen, indem man sich von Euch jetzt auf Deutsch verabschiedet und sagt:

Adieu! Auf Wiedersehung!

Der Deutsche

Also, wie ich Euch bereits sagte, bin ich ein Drasznaer aus Draszna, ein kleines Schtedtl bei der Kreisstadt Podolien. Einst ein ganz winziges Städtchen ist Draszna heute schon sozusagen eine Stadt mit Bahnstation und Bahnhof. Als man die Drasznaer Bahnstation gebaut hatte, hat die ganze Welt uns beneidet. Ist ja auch keine Kleinigkeit eine Bahn! Man hoffte, es würde eine ganz große Einnahmequelle werden, man würde alle Hände voll zu tun haben, Gold würde uns nur so zufließen und man würde reich und glücklich werden.

Dann sind Juden aus den benachbarten Dörfern in die *Stadt* gekommen. Man hat angefangen, Häuser umzubauen und Kramläden einzurichten. Die Gemeinde beschloß, die Steuer für Fleisch zu erhöhen, und man überlegte, ob nicht noch ein weiterer Schochet eingestellt werden sollte.

Vor allem aber galt es, ein neues Bethaus zu errichten und Feld zu kaufen, um den alten Friedhof zu vergrößern. Kurz, es gab einen neuen Aufschwung, das große Glück winkte uns. Man sieht also, was es heißt: *Bahn, Station, Bahnhof*.

Die Fuhrleute haben sich anfangs gewehrt, sogar randaliert, in der Bahn einen Konkurrenten gesehen, aber wer fragt sie? Man hat Bahnschienen gelegt, Waggons kamen, man hat ein Glöckchen aufgehängt, ein Brett angebracht und es entstand *Bahnstation Draszna.*

Als die Bahn in Betrieb genommen wurde, hat meine Alte zu mir gesagt:

»Was gedenkst du zu tun, Jojnale?« Man nennt mich Jojne.

»Was soll ich tun?« sage ich. »Das, was alle Juden tun. Alle Juden machen sich bei der Bahn zu schaffen, werde auch ich mir bei der Bahn zu schaffen machen.«

Ich habe meinen Spazierstock genommen, bin zur Bahn gegangen und mit Gottes Hilfe ein Verwalter geworden. Was das bedeutet? Nun, zum Beispiel, wenn einer einen Waggon Getreide kauft und es verladen will, dazu wird ein Verwalter gebraucht. Aber das Schlimme daran war, daß schon längst alle Juden Verwalter geworden waren, so daß es wieder für mich nichts zu tun gab. Aber man macht sich doch zu schaffen... Manchmal kauft man bei einem Bauern einen Sack Getreide und verkauft ihn wieder; dabei kann man etwas verdienen oder auch verlieren. Manchmal schaut sogar eine Provision heraus. Es ist schwer, aber eigentlich war es früher auch nicht leichter. Nur war es nicht so verdrießlich, weil es noch keine Bahn gab.

Oft frage ich mich, wozu war der ganze Aufwand nütze mit der Bahn, mit dem Glöckchen, mit dem Bahnhof.

Eines Tages, als ich mit allen meinen Sorgen im Kopf am Bahnhof herumstehe – gerade war der Postwaggon abgefahren, und es blieb nur eine Rauchwolke von der Lokomotive zurück –, da erblicke ich einen feinen Herrn auf dem Perron stehen, schlank, in einer karierten Hose und mit vielen Koffern neben sich. Er späht nach allen Richtungen und scheint nach jemandem zu suchen.

»Wahrscheinlich ein Baron, und er braucht was«,

denke ich mir, wittere ein Geschäft und, als hätte mir jemand von hinten einen Stoß versetzt, will ich mich ihm nähern, ihn fragen, ob er etwas benötigt . . . Aber wie ich noch so dastehe und überlege, kommt der Herr auf mich zu, lüftet seinen Hut und sagt höflich:

»Guten Mojen, mein Herr.«

»Ein gutes Jahr Euch«, sage ich zu ihm auf Deutsch, auf Jiddisch und den Rest mit den Händen.

Ich frage ihn, woher er kommt, und er fragt mich, ob ich ihm eine gute Pension empfehlen kann.

»Selbstverständlich«, sage ich, »warum soll ichs nicht können?«

Und dabei denke ich mir, wie schade, daß ich keine Pension habe. Wie schade! Der Deutsche scheint ein netter Mensch zu sein, man könnte da was verdienen. Da fällt mir ein, daß ich eigentlich meschugge bin. Steht es denn auf meiner Stirn geschrieben, daß ich *keine* Pension habe? Und plötzlich höre ich mich sagen, ein wenig auf Deutsch, ein wenig auf Jiddisch, ein bißchen mit den Händen:

»Wenn der Herr wünscht, können der Herr eine Kutsche bestellen, und ich werde den Herrn in eine erstklassige Pension bringen.«

Als er das hört, hellt sich sein Gesicht auf, er wird froh gestimmt und auf den Mund deutend, fragt er mich:

»Habt Ihr auch was zum Essen? Speise?«

»Die allerbesten Speisen«, sage ich ihm, »Ihr werdet hoffentlich zufrieden sein, Herr Dajtsch! Meine Alte ist eine selten gute Hausfrau und Wirtin. Ihr Backen und Kochen ist berühmt. Man sagt, daß der König Ahasveros selbst bei ihr hätte essen können.«

»Gut«, sagt er und lächelt übers ganze Gesicht wie eine Sonne.

»Ein kluger Mensch«, sage ich zu mir selbst, und ohne lange zu überlegen, bestelle ich eine Kutsche und bringe ihn zu mir ins Haus.

Dort angelangt, dauert es einige Zeit, bis meine Frau endlich begreift, um was es sich da handelt. Ich versuche, ihr zu erklären, daß uns wohl Gott allein diesen Deutschen geschickt hat. Aber was versteht denn so ein Weib? Sie schimpft und ist böse. Ich hatte nämlich ganz vergessen, daß wir Putztag haben, da kann man mit ihr nicht reden.

»Gäste fehlen mir jetzt...«, sagt sie.

»Um Gottes Willen, Weib, sei ruhig, sprich nicht so laut! Der Dajtsch versteht Jiddisch.«

Aber hört sie denn auf mich, wenn sie gerade mitten im Putzen und Aufräumen ist? Sie kehrt mir den Unrat vor die Füße und hört nicht auf zu zetern. Sie zetert, und... ich stehe mit dem Deutschen an der Tür und kann nicht hinein und nicht hinaus. Mit Mühe habe ich ihr erklärt, daß es doch nicht umsonst sei, sondern für gutes Geld und vielleicht läßt sich sogar ein Geschäft mit ihm machen. Als ich endlich so weit mit ihr bin, fragt sie mich:

»Wo wirst du ihn schlafen legen?«

»Dummes Weib«, sage ich ihr, »sprich nicht, er versteht jedes Wort.«

Endlich hat sies begriffen. Nun haben wir ihm unseren Alkoven abgetreten. Den Samowar hat man auch gleich vorbereitet, und meine Alte schickte sich an, das Abendessen zu machen. Auf den ersten Blick war der Deutsche von unserem Alkoven nicht entzückt. Er rümpfte die Nase und machte eine Gebärde, die sagen sollte: »Ich hab mirs schöner vorgestellt.« Als man ihm aber den Samowar mit dem frisch aufgebrühten Tee vorsetzte – und dazu hat er noch ein Fläschchen Rum hervorgeholt und auch mich damit traktiert –, wurde er ein anderer Mensch. Er packte seine Siebensachen aus, ordnete alles ein und begann sich wie ein Fisch im Wasser zu fühlen. Ich fragte ihn, weswegen er eigentlich hergekommen war, ob er hier etwas verkaufen oder gar kaufen wolle, ob er etwas benötige.

Nein, nichts dergleichen. Er müsse nur Maschinen in Empfang nehmen und nachsehen.

Während ich ihn frage, schielt er dauernd zum Herd hin und erkundigt sich, wann das Essen fertig wird. Mich wundert nur, daß er alles, was ich sage, verkehrt versteht. Zum Beispiel sage ich ihm: »Herr Dajtsch, der Herr hält scheinbar viel von der *Achile*«, und er antwortet mir etwas ganz anderes. Die Unterhaltung schleppt sich so hin, bis meine Alte das Abendbrot aufträgt: eine frische, duftende Suppe mit Eierkügelchen, ein ganzes Hühnchen mit Grütze und Möhrchen, Petersilien und Dill. *Meine*, wenn sie will, kann sie! Zum Essen sage ich den Segensspruch, wie es in der heiligen Thora steht. Glaubt Ihr, daß er darauf reagiert hätte? Nicht mal mit einem halben Wort! Er hat sich aufs Essen gestürzt wie nach einem Fasttag. Ich wiederhole den Segensspruch, er aber – nicht mal *danke* hat er gesagt. Ein grober Mensch!

Als er sich sattgegessen hatte, zündete er seine Pfeife an, saß lächelnd da, blinzelte schläfrig ins Licht, bis ihm die Augen zufielen. Ich habe gleich meiner Alten ein Zeichen gegeben und sie gefragt, womit man ihm das Lager macht.

»Was heißt womit. Mit meinem Bettzeug.«

Sie hat ihm sein Bett zurechtgemacht, wie sichs gehört. Alles Bettzeug, das wir besitzen, hat sie aufgestapelt fast bis zum Plafond, aber er war nicht zufrieden damit, es hat ihm scheints nicht gefallen, daß die Federn herumflogen. Er fing zu niesen an, aber wißt Ihr wie? Ohne Pause! Ich sage: »Wachsen sollt Ihr, Herr Dajtsch!« Meint Ihr, er hätte sich bedankt? Ach woher. Ein Grobian! Ich kann nicht verstehen, was ihm an dem Lager nicht gepaßt hat. Der Kaiser hätte sich kein Besseres wünschen können.

Wir haben ihm also *Gute Nacht* gewünscht und sind zu Bett gegangen. Durch die Wand hörten wir, daß der Dajtsch unberufen gleich eingeschlafen war. Er fing zu schnarchen an, zu keuchen, zu pusten wie eine Lokomotive.

Plötzlich hören wir, daß er sich ruckartig aufrichtet, anfängt sich zu kratzen, zu fluchen, zu spucken, dann legt er sich auf die andere Seite und . . . schläft wieder ein. Und wieder schnarcht er, pfeift er, pustet er, und nach einer Weile erwacht er wieder, kratzt sich, flucht und so immer wieder einigemal hintereinander. Zuletzt springt er aus dem Bett, und wir hören, wie er anfängt, die Polster eines nach dem anderen zu Boden zu schleudern, und dazu spricht er zornige Worte wie: »Sakrament! Donnerwetter!«

Ich schleiche zur Tür und schaue durch eine Ritze ins Zimmer, und was sehe ich? Er steht mitten im Zimmer, trampelt auf dem Bettzeug herum und flucht in seiner Sprache, daß Gott behüte.

»Was ist geschehen, Herr Dajtsch?«

Ich öffne die Tür und . . . das hättet Ihr sehen sollen, wie er erst recht in Zorn geriet und sich mit geballten Fäusten auf mich stürzte. Ich denke schon, daß er mich umbringen will, aber er faßt mich an der Hand, zerrt mich zum Fenster, zeigt mir, wie sein Körper zerstochen ist, und wirft mich zur Tür hinaus.

»Ein verrückter Dajtsch«, sag ich meiner Alten, »ein

verwöhnter Kerl. Es hat ihm scheints geträumt, daß er ... daß es ihn juckt.«

»Merkwürdig«, sagt meine Alte, »es wundert mich. Ich habe doch erst vor Ostern frisch überzogen und das Alkoven mit Petrol gewaschen.«

Am nächsten Morgen denke ich schon, er würdigt uns keines Blickes mehr, und er wird uns davonlaufen dorthin, wo der Pfeffer wächst. Statt dessen wieder *»Gut Mojen!«*, ein Schnäpsel für sich und eins für mich, und so ging es einige Tage hintereinander. Abends aber wieder dasselbe: Erst schnarchen, pfeifen, husten, dann brummen, kratzen, das Bettzeug auf den Boden geschmissen, flucht er dann in seinem Dialekt: »Donnerwetter! Sakrament!« – und morgens wieder, »Gut Mojen!«, ein Schnäpsel ihm und mir eins, »Zur Gesundheit!«, zum Frühstück weiche Eier, Brötchen ... Und so ging es, bis die Zeit kam, wo alle Maschinen kontrolliert waren, und er nach Hause fahren konnte. Als es so weit war, und er alles eingepackt hatte, verlangte er die Rechnung.

»Wozu Rechnungen?« sage ich. »Es kostet Euch einen *Kuf Heier*, das heißt einen Fünfundzwanziger.«

Er schaut mich mit großen Augen an und tut so, als habe er nicht recht gehört. Da sage ichs ihm in seiner Sprache.

»Ein Fünfundzwanziger, das sind fünfundzwanzig Rubel«, und ich zeige es ihm mit meinen Fingern: zehn und zehn und fünf.

Er bleibt völlig ungerührt, raucht seelenruhig seine Pfeife, lächelt und sagt zu mir:

»Ich möchte wissen, wofür ich fünfundzwanzig Rubel zahlen muß.«

Er nimmt einen Bleistift und Papier zur Hand und ersucht mich höflich, alles detailliert aufzustellen.

»Ein kluger Dajtsch«, denke ich mir, »aber so viel Verstand wie er habe ich zu jeder Zeit.«

»Schreibt gefälligst, Herr Dajtsch«, sage ich ihm, »sechs Tage Pension, sechs mal anderthalb, macht neun. Sechs mal zwei sind zwölf Samoware, das macht zwölf halbe Gulden, sind also neunzig Kopeken. Sechs mal zehn Eier – früh und abends wieder – sind hundertzwanzig; sechs Hühnchen und sechs Süppchen zu je fünf Gulden, dazu Graupen, Möhrchen, Petersilie macht zehn Gulden. Schnaps habt Ihr Euren eigenen getrunken, deshalb nur zwei Rubel. Zusammen sind es also fünf Gulden. Tee und Zucker hattet Ihr auch eigene, machen wir auch nur einen Rubel. Macht zusammen fünf Gulden. Damit wir aber die Summe abrunden, sagen wir fünfundzwanzig Rubel.«

So sage ich ihm ganz ernst und er – glaubt Ihr, er hat auch nur mit der Wimper gezuckt? Er bleibt ruhig, pafft seine Pfeife, lächelt und ... bezahlt fünfundzwanzig Rubel, verabschiedet sich dann sehr fein von uns und – ab mit der Bahn ...

»Was sagst du, Weib, zu diesem Dajtsch? Wenn uns Gott jede Woche solch einen Dajtsch bescheren wollte, könnte man fast sein Auskommen haben.«

Es sind kaum drei Tage vergangen, bringt mir der Briefträger einen Brief und verlangt vierzehn Kopeken dafür.

»Warum die vierzehn Kopeken?« frage ich.

»Man hat zu wenig frankiert.«

Ich bezahle die vierzehn Kopeken und öffne den Brief. Ach, auf Deutsch geschrieben! Ich laufe in der ganzen Stadt herum, frage jeden, aber niemand kann es lesen. Endlich liest ihn mir der Apotheker vor, der Deutsch kann. Und von wem, glaubt Ihr, war der Brief? Von meinem Dajtsch natürlich. Er bedankte sich für die Gastfreundschaft und die geruhsamen, schönen Tage, die er bei uns verbracht hat, läßt uns schön grüßen, und er wird uns nie vergessen . . .

»Gott sei Dank«, denke ich mir, »wenn du zufrieden bist, bin ich es auch.«

Und zu meinem Weib sage ich:

»Wie gefällt dir unser Dajtsch? Kein kleiner Narr. Würde uns Gott nur jede Woche solch einen Narren bescheren!«

Es vergeht eine weitere Woche. Ich komme von der Bahn nach Hause, und meine Alte übergibt mir einen Brief und sagt, sie habe wieder achtundzwanzig Kopeken zahlen müssen.

»Warum?« frage ich.

»Weil er ihn anders nicht aushändigen wollte.«

Ich laufe wieder zum Apotheker. Er sagt mir, der Brief sei von demselben Deutschen, der schreibt, daß er jetzt unser Land verlasse und zu seiner Familie in sein Vaterland zurückkehre, er könne es aber nicht unterlassen, uns noch einmal zu danken, »für die schöne Zeit, für die Liebenswürdigkeit, und daß er uns nie vergessen wird . . .«

Alle meine Sorgen auf seinen Kopf! Zu Hause fragt mich meine Alte:

»Was ist das für ein Brief?«

»Wieder vom Dajtsch, er kann uns nicht vergessen, der Meschuggene. Würde uns Gott jede Woche solch einen Meschuggenen bescheren, hätten wirs nicht mehr so schwer.«

Wieder sind zwei Wochen um. Ich bekomme von der Post einen ganz dicken Brief, für den man sechsundfünfzig Kopeken verlangt. Ich will natürlich nicht bezahlen. Sagt mir der Postbote:

»Wie du willst«, und nimmt den Brief zurück.

Tut es mir doch leid, ich will wissen, woher der Brief kommt, es könnte ja was Wichtiges sein. Ich zahle also die sechsundfünfzig Kopeken, öffne den Brief und ... Lieber Gott, wieder auf Deutsch! Ich eile zum Apotheker, entschuldige mich bei ihm, daß ich ihn so oft belästige, aber was könne ich machen, es sei ein Malheur, daß ich nicht Deutsch lesen kann und so weiter und so fort.

Um es kurz zu machen, der Brief ist wieder von ihm, vom Deutschen. Er teilt uns mit, daß er, Gott sei Dank, schon zu Hause sei, bei seiner geliebten Familie, bei Frau und Kindern, daß er ihnen alles erzählt habe, wie er nach Draszne gekommen sei, von unserer Begegnung am Bahnhof und wie ich ihm unsere Gastfreundschaft gewährt habe, von der ruhigen, stillen Pension, und er versichert uns, daß er uns nie in seinem Leben vergessen wird.

Pfuj, also so was! Meine schlimmsten Träume sollen auf seinen Kopf fallen! Meiner Alten habe ich von diesem Brief schon gar nicht mehr erzählt. Aber, Ihr wißt ja, Zeit vergeht, und der Mensch vergißt. Und auch ich habe weiter nicht mehr daran gedacht, bis Wochen später eine Benachrichtigung von der Post kam, daß ich einen Rubel und zehn Kopeken abholen muß. Ich renne zur Post und frage, von wem ich einen Rubel und zehn Kopeken eigentlich bekommen habe. Sagt man mir darauf, daß ich dieses Geld nicht bekommen habe, sondern es zu bezahlen habe.

»Wofür?«

»Für einen eingeschriebenen Brief«, antwortet man mir.

»Was für einen Brief? Vielleicht wieder vom Dajtsch?«

Keine Antwort. Mir bleibt nichts übrig als zu bezahlen, und ich bekomme den Brief. Brief? Ein ganzes Paket! Ich öffne – von ihm! Ich laufe zum Apotheker, es ist mir sehr peinlich, entschuldige mich wieder mal ... Er läßt alles stehen und liegen, liest mir den Brief vor – ein ganzer Roman! Eine Plage Gottes ist über mich gekommen. Ihr wollt wissen, was er schreibt? Es sind gerade Gäste bei ihm, seine ganze Familie feiert irgendein Fest. Er hat ihnen die ganze Geschichte von A bis Z nochmals erzählt: Wie er in das kleine Städtchen Draszna gekommen ist, wie er so verlassen am Bahnhof stand, ein Fremder in fremdem Land, ohne Sprache noch dazu; wie er mir begegnet war und wie ich ihn nach Hause brachte, ihm unsere besten Stuben zur Verfügung gestellt hatte, wie freundlich wir ihn empfangen hatten und ... wie ehrlich wir ihn behandelt haben. Zuletzt versichert er uns, daß er ewig an uns denken wird. Ich habe geschworen, daß ich, was immer auch geschehen mag, nie wieder einen Brief abholen werde. *Nie mehr!*

Aber die Briefe haben scheints sowieso ein Ende genommen. Ein Monat geht dahin, dann noch ein zweiter. Gott seis gedankt, keine Briefe mehr, und ich habe den Dajtsch fast schon vergessen.

Eines schönen Tages kommt von der Bahn eine Benachrichtigung, daß für mich ein Paket daliege, im Wert von fünfundzwanzig Rubel. Fünfundzwanzig Rubel! Ich zerbreche mir den Kopf, was das sein könnte? Meine zerbricht sich ihren Grips, beide raten wir hin und her und können nicht draufkommen. Da fällt mir ein, daß wir noch Verwandte in Amerika haben. Vielleicht ist es ein Geschenk von ihnen? Oder gar eine Schiffskarte? Ein Lotterielos?

Ich eile zur Bahn, und dort sagt man mir, ich müsse erst zwei Rubel und vierundzwanzig Kopeken bezahlen, man kann mir sonst das Paket nicht aushändigen. Hilft nichts, ich muß mir halt das Geld bei jemandem borgen, sonst bekomme ich nicht die Schiffskarte. Als ich endlich das Paket in meinen Händen halte, verpackt in einem schönen Kistchen, laufe ich nach Hause und beginne fieberhaft, es aufzumachen.

Was denkt Ihr, fällt da heraus?

Ein Porträt.

Ich betrachte es näher... Großer Gott! Es ist mein Dajtsch! Alle bösen Träume, die ich je geträumt hatte, mögen sich an ihm erfüllen! Der Schlimasl, wie er lebt und leibt: der lange Hals, der breite Hut und wie immer die Pfeife im Mund. Ein Brieflein war auch drin. Diesmal aber bin ich nicht mehr zum Apotheker gelaufen. Er *dankt* mir wohl wieder für die Gastfreundschaft, die er nie vergessen wird. Wenn sich der Segenswunsch, den ich ihm in diesem Augenblick zugeschickt habe, sich nur halb erfüllt...

Es sind wieder Monate verstrichen, fast ein ganzes Jahr ging dahin, und ich konnte endlich hoffen, daß er uns doch vergessen hat. Gott seis gedankt, nichts mehr von ihm gehört. Aus. Schluß. Die Plage losgeworden. Wir haben aufgeatmet. Alles hat ja doch ein Ende.

Aber wartet noch einen Augenblick.

Neulich erhalte ich in der Nacht ein Telegramm: Ich werde unverzüglich nach Odessa gerufen zu einem gewissen Gurgelstein im Hotel Viktoria. Es gehe um ein Geschäft. Ich weiß nicht, was das bedeuten soll. Meine Alte sagt, ich soll unbedingt hinfahren, es könnte eine wichtige Angelegenheit sein. Vielleicht eine Kommission? Oder vielleicht handelt es sich um Getreide?

Ja, es sagt sich leicht, nach Odessa fahren. So eine Fahrt kostet Geld. Aber wenns um ein Geschäft geht, kann man da lange überlegen? Ich verschaffe mir ein paar Rubel und fahre nach Odessa.

In Odessa, nach langem Suchen und Herumfragen, finde ich endlich dieses Hotel Viktoria. Gehe hinein und frage, ob ein Herr Gurgelstein hier logiert? Ja, heißt es, er sei aber jetzt nicht auf seinem Zimmer. Ich solls doch wieder versuchen, am besten um zehn Uhr nachts. Ich komme um zehn Uhr nachts, Gurgelstein wieder nicht da. Ich komme um zehn Uhr morgens, Herr Gurgelstein soeben fortgegangen. Er hat folgendes für mich hinterlassen: »Wenn der Jude aus Draszna mich wieder suchen kommt, bitte ihm auszurichten, er soll entweder um fünfzehn Uhr oder um zweiundzwanzig Uhr nachts kommen.« Ich komme um fünfzehn Uhr, um zweiundzwanzig Uhr – Gurgelstein ist nicht da! Ich will es kurz machen: Sechs Tage und sechs Nächte lang habe ich herumgelungert, nicht geschlafen, nicht gegessen, bis ich endlich Gurgelstein angetroffen habe. Er sieht wie ein ehrlicher Mann aus, hat einen schönen, schwarzen Bart, empfängt mich höflich, bietet mir Platz an, alles sehr fein und freundlich.

»Das seid Ihr also«, sagt er zu mir, halb auf Jiddisch, halb auf Deutsch, »der Jude aus Draszna?«

»Ja, das bin ich«, sage ich, »worum geht es?«

»Bei Euch hat im vorigen Jahr ein Deutscher Logie genommen?«

»Ja, bei mir, was ist denn damit?«

»Nichts«, sagt er. »Der Deutsche ist mein Kompagnon bei den Maschinen. Er schreibt mir aus London, wenn ich in Odessa bin, soll ich Euch herzliche Grüße bestellen. Er will Euch danken für die Gastfreundschaft, für die ehrliche, ordentliche Behandlung und für alles, was Ihr für ihn getan habt. Er wird das sein Lebtag nicht vergessen.«

Wie Ihr seht, ist über mich ein Unglück gekommen. Ich habe nämlich beschlossen, nach den Feiertagen, wenn Gott uns leben läßt, zu übersiedeln. Ganz einfach fort von Draszna . . .

In irgendein anderes Schtedtl.

Wo immer es sein soll, nur weg vom Schlimasl, von dem Dajtsch – ausgelöscht soll sein Name werden!